Lothar Kuld

Compassion –
Raus aus der Ego-Falle

Vier-Türme-Verlag

1. Auflage 2003
© Vier-Türme GmbH, Verlag Münsterschwarzach 2003
Alle Rechte vorbehalten
Umschlaggestaltung: Morian & Bayer-Eynck, Coesfeld
Umschlagmotiv: John Foxx Images
Gesamtherstellung: Benedict Press, Münsterschwarzach
ISBN 3-87868-638-2
ISSN 0171-6360

Inhalt

Vorwort

»Woran leidest du?«, lautet die Frage, die von dem jungen Parzival erwartet wird, als er an den Hof seines Onkels, des Gralskönigs, kommt, und mit der er den König von seinem rätselhaften Leiden erlösen könnte. Alle schweigen und warten. Parzival sieht den Onkel, geht und stellt die Frage nicht – aus Unwissenheit und Ahnungslosigkeit. Er ist »tumb«, ein Tor, der die Welt und die Menschen nicht kennt, und er muß nun in der Parzival-Saga über viele Umwege, Begegnungen und Verfluchungen hindurch lernen, wer er ist, und den Gralskönig wiederfinden, um ihn mit dieser Frage zu heilen.

Wir leben in einer anderen Welt und glauben nicht, die Welt mit einer Frage erlösen zu können, aber die Mitleidsfrage ist uns erhalten geblieben und das Wissen um ihre heilende Wirkung auch. Dennoch ist das Gefühl des Mitleids uns verdächtig.

Mitleid ist ein schwieriges Wort und ein zwiespältiges Gefühl. Leiden ist schlecht. Bemitleidet wollen wir nicht sein. Mit dem Wort, so scheint es, ging auch die Sache verloren. Die Wiederkehr des Mitleids in Form von Mitgefühl und Solidarität nicht nur in unserer Sprache, sondern eben auch in den Handlungen, die wir uns vorstellen können, hat zu weiteren Unterscheidungen geführt, aber nicht unbedingt zu einer Aufwertung des Mitleids. Mitleid ist noch immer schlecht. Mitleid hilft nicht, sagt man. Niemand braucht Mitleid. Man verbittet sich Mitleid.

Drehen wir die Sache um und fragen wir, was Menschen brauchen, dann ist es der Blick des anderen, seine Anerkennung, sein Mitgefühl. Mitfühlend wollen wir gerne sein. Mitgefühl zu empfinden ist etwas Starkes. Das Mitgefühl wie die Solidarität ist die Brücke zum Mitmenschen. Sich vorstellen, was ein anderer empfindet, ist ein Ausdruck menschlicher Intelligenz. Nur ist solche Einfühlung noch nicht Mitleid. Es muß schon die Empörung hinzukommen und die Aktion, durch die wir das Leiden der anderen und ihren Schmerz in unser Leben hineinnehmen und zu Mit-Leidenden werden. Wir haben dann Mitleid, wir sind nicht Mitleid, sondern haben es. Wir können daher dieses Gefühl zulassen oder unterdrücken. Manchmal täuscht uns das Mitleid. Es war grundlos. Es wurde mißbraucht, wie jedes Gefühl, das einer zeigt, mißbraucht werden kann. Damit lebt, wer das Mitleid riskiert.

In der Literatur hat man für dieses Mitleid den Begriff *Compassion* gefunden, am besten vielleicht mit »Mit-Leidenschaft« übersetzt. Er enthält das Moment der Aktion, die einen Menschen aus einem Impuls heraus einfach mitfühlend handeln läßt: ein Telefonanruf, ein kurzer Besuch, eine kleine Besorgung für Menschen, von denen man weiß, daß sie darauf warten, daß ihnen einer etwas vor-beibringt.

Viele Menschen haben das Gefühl, daß sie mehr für andere tun könnten, und haben ein wenig ein schlechtes Gewissen. Aber darum geht es nicht. Sie stecken fest. Alte Bindungen lösen sich auf, die Nachbarn sind weggezogen, man bleibt »in Verbindung« und ist irgendwie allein mit sich be-schäftigt, nicht unglücklich, vielleicht von der Arbeit erschöpft. Man engagiert sich und fragt sich wozu, oder man engagiert sich nicht, weil man nicht weiß für wen. Die Ego-Falle, wie wir diese Konstellation nennen können, ist aufgestellt. Wir entgehen ihr nicht sofort, aber wir entgehen ihr ganz sicher, wenn wir erfahren, daß wir als Mit-mensch gebraucht werden und unsere Mitleiden-schaft gefragt ist.

Um diese Fragen soll es in diesem Buch gehen: um einen neuen Blick auf das Mitleid in einer Welt der flexiblen Bindungen, um *Compassion* als Ge-fühl und als Haltung, die zum Handeln drängt.

Kapitel eins beschreibt, was uns am Mitleid hindert, und wie man Mitleid im Sinne von »Mit-leidenschaft« (*Compassion*) lernt. Kapitel zwei fragt, wozu Mitleid überhaupt gut sei, und wen-det sich gegen die Unterdrückung des Gefühls des Mitleids. Kapitel drei zeigt die biblische Verbin-dung des Mitleids mit der Forderung nach Ge-rechtigkeit und Handeln, Mitleid als Aktion, nicht Sentimentalität. Kapitel vier entdeckt im Mitlei-den als *Compassion* etwas, was die biblisch-christ-liche Gottesrede mit allen Menschen verbindet.

Kapitel fünf sagt in aller Kürze, was Menschen erfahren, die Mitleid und Mitgefühl zeigen, und warum sie das tun.

I. Mitleid und Eigeninteresse

Der Verlust von Mitleid und Mitgefühl

»Das Mitleid steht nicht eben hoch im Kurs«, schreibt der französische Philosoph André Comte-Sponville in seinem »kleinen Brevier der Tugenden und Werte«, das er unter dem programmatischen Titel »Ermutigung zum unzeitgemäßen Leben« 1996 veröffentlicht hat. »Man läßt sich nicht gern bemitleiden, und Mitleid empfinden mag man auch nicht ... Mitleid empfinden heißt mit jemandem leiden, und Leiden ist immer schlecht.«[1] Die im Deutschen vom Wortklang her naheliegende Verbindung des Mitleids mit Leiden führt also zu seiner weitverbreiteten Ablehnung. Nehme man jedoch, so Comte-Sponville, das griechische Wort für Mitleid »sympatheia«, das sowohl »Mitgefühl« wie »sympathische Nähe« (wörtlich: »Zusammenstimmung«) bedeuten kann und in dieser zweiten Bedeutung als »Sympathie« im Deutschen bekannt ist, dann sehe die Sache wieder anders aus. Sympathisch wollen alle sein. Und Sympathie zu empfinden ist etwas Schönes. Im Unterschied zu dieser Form von Sympathie als einem Gefühl, sagt Comte-Sponville, sei Mitleid allerdings mehr als ein Gefühl. Es ist die Haltung, daß ich Leiden, welcher Art und aus welchen Gründen auch immer, nicht einfach gleichgültig und teilnahmslos hinnehme. Es ist eine Haltung der engagierten Mitmenschlichkeit.

Um diese Haltung einer für andere engagierten Mitmenschlichkeit ist es nicht gut bestellt. Dafür gibt es viele Gründe. Viele Menschen haben das Gefühl, daß ihnen nichts geschenkt wird und sie aus ihrem Leben so viel an Glück herausholen müssen, wie sie nur können, jetzt und sofort. Das Leben ist kurz, und die Zeit, in der sie glücklich werden können, ist auf dieses Leben begrenzt. Deshalb können und dürfen sie – meinen sie jedenfalls – nichts abgeben. Die Angst, zu kurz zu kommen, ist allgegenwärtig. Diese Angst sitzt tief und hat ihren Grund im Zeitempfinden des modernen Menschen.

Der Wiener Pastoraltheologe Paul Zulehner[2] hat einmal darauf hingewiesen, daß die Menschen im Mittelalter wahrscheinlich glücklicher waren als viele Menschen heute, obwohl ihre Lebenserwartung erheblich geringer war als unsere. Ihre Lebenszufriedenheit erscheint also nicht recht einsichtig. Und doch hat sie einen festen Grund im Zeitempfinden des mittelalterlichen Menschen. Er rechnete fest mit einem jenseitigen Leben nach dem Tod, und er konnte dort aufholen und bekommen, was ihm auf Erden versagt war. Diese Hoffnung machte die Gegenwart nicht so wichtig. Dieses Leben war nicht alles. Der mittelalterliche Mensch hatte Zeit. Sie war mit dem Tod nicht zu Ende. Deshalb konnte er Zeit an andere abgeben, sich um andere sorgen und für andere dasein, ohne die Angst und den Krampf, etwas zu verlieren, wenn er sich anderen zuwendet. Seine Solidarität galt Lebenden wie Toten. Sie waren und wurden nicht vergessen. Ihre Namen wurden in Messen verlesen, und die Fürbitten galten allen. Im Kloster Niederzell auf der Insel Reichenau, um ein Beispiel dieser Jenseitsfürsorge zu geben, wurden die Namen der verstorbenen Mönche in die Altarplatte gemeißelt. So waren sie für die Mitbrüder über den Tod hinaus anwesend. Die Solidarität mit ihnen ging über den Tod hinaus.

Die Menschen heute bringen diese Solidarität kaum auf, sagt Zulehner, aber nicht, weil sie schlechter sind als die Menschen früherer Generationen. Sie sind unsolidarisch, weil sie Angst haben, zu kurz zu kommen, wenn sie abgeben. Deshalb helfen sie nicht – aus Angst, zu kurz zu kommen. Das Gesetz des Marktes, demzufolge der Gewinner alles und der Verlierer nichts bekommt, hat sich in der Psyche der Menschen breitgemacht.

Der Verlust von Solidarität und Mitgefühl ist indessen kein Schicksal, sondern Ergebnis einer Gesellschaft, die lange gültige Traditionen selbstverständlicher Solidarität und Hilfsbereitschaft in der Familie und Nachbarschaft, im Dorf und in der Kirchengemeinde – selten ganz freiwillig – verlassen hat und auf flexible Menschen setzt, die Bindungen nicht kennen, wenn es darum geht, den Arbeitsplatz, den Wohnort, die Nachbarschaft zu wechseln. Die Schwächung traditioneller Bindungen kann man beklagen, rückgängig zu machen ist sie nicht, wenn gilt, daß im Interesse des Marktes vor allem Flexibilität gefordert ist. Der »flexible Mensch« (Richard Sennett)[3] kennt keine Bindungen. Er geht dorthin, wo er rentable Arbeit findet. Langfristige Perspektiven entwickelt er nicht, weil er langfristige Gewißheiten, was seine berufliche Karriere betrifft, nicht hat. Die Firma, für die er sich heute einsetzt, kann morgen schon pleite gehen. Dann wird ihm kaum jemand seinen Einsatz noch lohnen. Wie das Geld dorthin fließt, wo die Gewinnspanne am größten ist, so driftet der moderne Mensch von Aufgabe zu Aufgabe mit dem größten Gewinn. Als »marktgerecht« gilt, wer sich nicht zu sehr auf seine Firma verläßt und nicht zu sehr an seine Arbeitsgruppe bindet. Denn Aufgaben und Arbeitsgruppen wechseln. Tiefer gehende Bindungen können so nicht entstehen und Vertrauen und Solidarität schon gar nicht, weil Vertrauen und Bindungen Zeit brauchen, um wachsen zu können. Diese Zeit hat ein Arbeitsteam nicht. Kommunikation beschränkt sich im Team, auf Erfolg getrimmt und zusammengeschweißt wie eine Fußballmannschaft, zwangsläufig auf die Oberfläche. Strittige Themen und persönliche Probleme, die den Arbeitsablauf stören könnten, bleiben außen vor. Die Kommunikation im »Team« ist bewußt flach. Mehr als ein gewinnendes Lächeln ist nicht drin, sagt Sennett.[4] Wer diese Zeichen der Veränderung im modernen Arbeitsleben nicht erkennt, fliegt raus. Das nicht rechtzeitig bemerkt zu haben, ist der Selbstvorwurf, den sich mancher Arbeitslose macht. Sie werfen sich vor, selbst nicht flexibel genug gewesen zu sein und an Aufgaben, Menschen und an einer Firma festgehalten zu haben, obwohl sie hätten merken müssen, daß es in dieser Firma für sie nicht weitergeht.

Man ist versucht, Sennetts Skizze des »flexiblen Menschen« eine Karikatur zu nennen oder seine Gültigkeit zu bestreiten, merkt aber, daß er ein tief sitzendes Unbehagen formuliert. Das Unbehagen am Charakterbild des flexiblen Menschen rührt daher, daß es dem Bedürfnis des Menschen nach Gespräch und Gemeinschaft in verläßlichen Beziehungen und verläßlichen Bindungen widerspricht. Geld mag flexibel sein, der Mensch ist es nicht. Menschen brauchen Zeit, um herauszufinden, wem sie vertrauen können und mit wem sie wirklich zusammenarbeiten sollen. Das Glaubensbekenntnis des flexiblen Egotaktikers: »Bleib in Bewegung, geh' keine Bindungen ein und bring keine Opfer« (Sennett) funktioniert im Umgang mit Menschen nicht. Im Blick auf das Leben in Familien ist es verheerend.

Sennett erzählt von einem Mann, den er als Jugendlichen schon kannte und fünfzehn Jahre später zufällig wiedertraf. Der Mann stammte aus bescheidenen Verhältnissen italienischer Einwanderer und hatte sich durch Studium und harte Arbeit hochgearbeitet. Alle paar Jahre war er mit seiner ebenfalls erfolgreichen Frau und seinen Kindern umgezogen. Freundschaften lösten sich auf, obwohl man »in Verbindung« blieb. Der Mann, schien Sennett, wirkte unruhig und unglücklich mit seinem Leben, obwohl er einen wunderbaren Job hatte und sehr erfolgreich sein Gewerbe betrieb. Er sagte schließlich, daß er die Familie aus seinem Leben ohne wirkliche Bindungen heraushalten wolle und sich überlege, wie er seinen Kindern wenigstens einen festen Ort geben könne, wo sie Wurzeln schlagen, sich zu Hause fühlen und wissen, wohin sie gehören. Der Mann erzählte schließlich, daß er seinen Vater, der als Hausmeister gearbeitet und unter seinesgleichen in einer Gegend mit anderen Einwanderern gelebt hatte, um sein Leben beneidete. Sein Vater wußte, woher er gekommen war und in welcher Tradition er lebte. Sein Sohn wußte es nicht, weil er zu dieser Kultur eingewanderter Italiener nicht mehr zählte. Den familiären Zusammenhalt, den dieser Mann aus der Familie seines Vaters kannte, wollte er seinen Kindern auch geben. Aber er sah keinen Weg, wie er das tun könnte.

Das Beispiel lehrt: Menschen suchen und brauchen verläßliche Rahmungen. Sie wollen wissen, auf wen sie sich verlassen können und auf wen sie sich einlassen dürfen, wenn sie in dieser Welt einen Platz finden und einnehmen, wenn sie Fuß fassen und ankommen sollen. Die Familie und die Kleinstadt haben das scheinbar garantiert. Wir wissen, daß das so nicht war. Mitmenschlichkeit und solidarische Hilfe waren selten gratis. Sie beruhte auf Gegenseitigkeit und war vor allem Frauenarbeit. Die wenigsten wurden gefragt, ob sie diese Arbeit verrichten wollen. Es wurde erwartet, daß sie sich für die Familie opferten. Eigene

Lebensplanungen hatten zurückzustehen, wenn es um die Familie ging. Heute erscheint das fast undenkbar.

In den Wertorientierungen westlicher Menschen steht zwar die Familie ganz oben. Aber das ist für sich genommen noch kein Wert, wenn man nicht sagt, was man von der Familie will und wie man Familie versteht. Mit gleicher Häufigkeit wird auch gesagt: Ich möchte verstanden werden, viele Freunde haben, tun und lassen können, was ich will und – in Abgrenzung dazu – in Ruhe gelassen werden vor den Ansprüchen anderer, vor allem von Institutionen wie Kirchen, Vereine, Parteien.[5] Gut ist, was den eigenen Bedürfnissen dient und einen in seiner Freiheit nicht einschränkt. Selbstverständlich wird man Freunden oder nächsten Angehörigen in der Familie mal helfen, denn man hat ja was von ihnen, und ihnen zu helfen liegt im eigenen Interesse. Wer sich dagegen selbstlos gibt, dem glaubt man nicht. Mitmenschlichkeit steht unter Begründungszwang. Der selbstlos anderen helfende Mensch, der Altruist, beutet sich selbst aus, wird gesagt, und das sei bedenklich.[6] Ein Mensch, der nicht nach seinem Leid fragt, sondern nach der Hilfsbedürftigkeit und dem Leid der anderen, steht im Verdacht, seine eigene Bedürftigkeit auf andere Menschen zu übertragen und seine eigene Hilflosigkeit mit der Rolle des Helfers zu überspielen. Dieser Projektionsverdacht entsteht schnell. Mitleid, das sich für andere engagiert, bevor man selbst etwas von ihnen hat, paßt nicht in eine Gesellschaft, die das Lebensglück in der Selbstverwirklichung sieht. Oder sie muß zynisch behaupten, der Mitleidige verwirkliche sich eben in seinem Mitleid. Und irgend etwas müsse er doch von seinem Mitleid haben. Ein Anflug von Überlegenheit und gönnerhafter Herablassung stecke in jedem Mitleid. Aber von Natur aus sei Mitleid, Mitgefühl und tätige Mitmenschlichkeit nicht vorgesehen. Die Soziobiologie lehre, daß die Gene egoistisch seien und solidarisches Opfer bei Tieren wie Menschen nur den nächsten Verwandten gilt, nicht einem übergreifenden Ziel wie Arterhaltung, wie noch Konrad Lorenz meinte, der die Tiere für die besseren Menschen hielt, sondern nur denen, die die eigenen Gene tragen. Heilige, die für sich nichts wollen, seien »Mutanten«[7], eine biologische Fehlanpassung, die von der Evolution nicht vorgesehen ist und nicht in das System paßt.

Diese Einwände wiegen schwer. Die Argumente gehen einem rasch aus, wenn man das Gegenteil behaupten möchte. Es gibt wohl nur ein Argument: Menschen lassen sich nicht verrechnen. Sie sind nicht Funktionen in einem System. Menschen sind nicht funktional. Mitmenschlichkeit ist letzten Endes auch nicht funktional. Mitgefühl und Mitleid als Zeichen von Menschlichkeit auch nicht. Sie sind vielmehr eine Lebensäußerung, die sich einem Menschen einfach aufdrängt, und die ihn zwingt zu helfen, so gut er eben kann. Ob sich ein Mensch dadurch bereichert fühlt oder dabei Macht empfindet, hindert nicht sein Gefühl. Aber genau hier steckt das Problem. Der eine läßt sich ergreifen, der andere nicht, der eine reagiert, der andere nicht. »Einmal versteckte Herr B. eine Flasche Korn in der Einfahrt des Heims, und wir konnten beobachten, wie er sie in wenigen Zügen leerte«, schreibt ein Schüler, der in einer Betreuungsstelle für Wohnsitzlose ein Praktikum absolviert hatte. »Die meisten waren durch jahrelangen Alkoholkonsum nicht mehr zu einem normalen Dasein befähigt. Viele waren einfach kaputt. Sie nutzten die Sozialhilfe und die Möglichkeit auf Übernachten aus. Von dem Geld, das sie bekamen, gingen sie zum nächsten Penny-Markt und kauften Chantré. Ihre ständige Trunkenheit hat auf mich einen bleibenden Eindruck hinterlassen. Ich hätte vorher nie gedacht, daß man einen Alkoholiker nicht resozialisieren kann ... Ich habe gelernt, wie kaputt jemand sein kann, und daß die Menschen in meiner Einrichtung alles andere als dankbar für die Hilfe waren, die ihnen angeboten wurde.« Aus diesen Erfahrungen folgt für den Schüler: »Ich würde kein Sozialpraktikum mehr machen und ich finde es auch nicht sinnvoll, weil's nichts bringt, jemanden (durch ein Praktikum) zur Nächstenliebe zu zwingen.«[8]

Was hätte der Schüler tun sollen, als er den Mann die Schnapsflasche austrinken sah? Was hält ihn davon ab, Mitgefühl zu empfinden?

Robert Wuthnow, ein amerikanischer Soziologe, hat beobachtet, daß in Kirchengemeinden seines Landes viel soziales Engagement auf den Weg gebracht wird und die Kirchengemeinden sich bereitwillig engagieren. Aber dieses Engagement, schreibt er, war immer auch begrenzt. Es galt denen, für die der Pfarrer eintrat und denen zu helfen »anständig« war, solange man sichergehen konnte, daß ihre Notlage unverschuldet war. Alkoholiker hatten es in der Regel schwer, als hilfsbedürftig zu gelten. Sie waren für ihr »Laster« selbst schuld. Es sei denn, der Pfarrer rief mit seiner moralischen Autorität auch für diese Menschen zur Hilfe auf. Mitmenschlichkeit galt nicht den Ausgegrenzten. Das hätte die traditionellen Gemeinden überfordert.[9]

Wenn also die Familie, Dorfgemeinschaft und Kirchen als Orte der Solidaritätsschöpfung hochgehalten wurden, müssen wir doch auch nachfragen, wem ihre Solidarität galt. Vieles hing in den Kirchen vom Pfarrer und seinen Bedingungen für Solidarität ab. Die von ihm organisierte Mitmenschlichkeit war autoritätsgestützt. Das ist heute wohl immer weniger der Fall. Den Gemeinden gehen nicht nur die Pfarrer aus, sie sind selbst auch kleiner geworden. Das hat ihren Zusammenhalt verändert. Wer in die Kirche geht, tut dies bewußt, weil er das will, weil er sich zugehörig fühlt und mitmachen will. Er wartet nicht auf Anweisung. Er macht schon selbst, was er als Christ für richtig hält. Unter diesen veränderten Vorzeichen geht von den Kirchen noch immer eine Kultur der Hilfsbereitschaft, biblisch der Barmherzigkeit und des Erbarmens (Lukas 6,36), aus. Ohne die Kirchen und ihre Kultur des Sozialen würden am Wohl des »Nächsten« orientierte Verhaltensbereitschaften in unserer Gesellschaft zurückgehen. Die säkulare Gesellschaft, sagt Gerhard Schmidtchen, erzeugt jenes Mitgefühl und jene solidarischen Verhaltensorientierungen nicht, die sie dringend braucht[10] – und von denen sie lebt.

Jugendliche mit kirchlichem Hintergrund und regelmäßigen Kontakten zu Kirchengemeinden engagieren sich sozial auffallend häufiger und freiwilliger als ihre kirchenfernen Altersgenossen. In einer Untersuchung über Schulen, die Sozialpraktika durchführen, stellten Stefan Gönnheimer und ich fest, daß die Hälfte der kirchlich engagierten Jugendlichen in Einrichtungen für behinderte Menschen gingen, obwohl dies bei ihren Wünschen für den Praktikumsplatz nicht ihre erste Wahl war. Sie hatten sich einen solchen Arbeitsplatz jedoch immerhin vorstellen können. Von den kirchenfernen konnte das kein einziger.[11] Es scheint, daß die Kirchen noch immer eine Kultur der Mitmenschlichkeit pflegen, in der das Zusammenleben und der Umgang mit Menschen, die im Alltag vieler Menschen nicht vorkommen und nicht gesehen werden, wenigstens denkbar ist. Das Verhalten der kirchenfernen Jugendlichen beruhte zu einem erheblichen Maße jedoch auch auf schlichter Unkenntnis und Angst. Behinderte gelten als schwierig. Man will sich damit nicht belasten. In manchen Fällen ist diese Aussage das Echo der Eltern. »Was ich nicht wußte«, sagte mir eine Schülerin, die zwei Wochen mit einem Jungen zusammen war, der aufgrund einer Muskelkrankheit extrem kleinwüchsig war und es schwer hatte, seine Beinmuskulatur zu kontrollieren, und mit dem sie zwei Wochen lang geduldig Fußball gespielt hatte – »Was ich nicht wußte, war, daß das Menschen sind wie ich.« Zum Abschied habe der Junge seine Geige hervorgeholt und für sie gespielt. Der habe spielen können, wie sie noch niemanden habe spielen gehört.

Ein Schulprojekt namens Compassion

Das Projekt, von dem die Schülerin soeben erzählt hat, heißt *Compassion*. Ziel des Projekts ist es, SchülerInnen mit Menschen zusammenzubringen, die in ganz anderen Lebenslagen sind und denen die meisten von ihnen in ihrem alltäglichen Leben wahrscheinlich nie begegnen würden und von denen sie nicht viel wüßten, wenn es dieses Projekt an ihrer Schule nicht gäbe. Die SchülerInnen gehen in der Regel zwei Wochen lang in eine soziale Einrichtung, Altenheime, Kindergärten, Behindertenheime, Krankenhäuser und so weiter. Dieses Praktikum wird im Unterricht vorbereitet und besprochen. Die SchülerInnen sollen sich kundig machen. Zu diesem Zweck sammeln sie Informationen über den Sozialstaat, die Entstehung von Krankheiten, die Bedingungen und Vorstellungen von Altsein und Kindsein in unserer Gesellschaft. Sie lesen Erfahrungsberichte von sogenannten Behinderten und organisieren Ausstellungen, in denen sie ihre Einsichten dokumentieren. Wichtig ist, daß die SchülerInnen ihre Erfahrungen und Erlebnisse reflektieren. Nur dann, so lautet eine Grundannahme des Projekts, kommt es längerfristig zu möglichen Einstellungsänderungen. Soziale Haltungen und Hilfsbereitschaft im Bereich des Sozialen beruhen letzten Endes nicht nur auf bloßem Gefühl. Gefühle wechseln. Gefühle kommen und gehen. Für seine Gefühle ist ein Mensch vor allem nicht verantwortlich zu machen. Deshalb sind das Gespräch über das Erlebte und die reflektierte Bewertung des Erlebten so wichtig.

Die Auskünfte, die Schülerinnen und Schüler einem über ihre Erlebnisse am Ende des Schuljahrs geben, sind verblüffend. Während Jugendliche an Schulen ohne Sozialpraktikum einem sagen, daß soziales Engagement nichts bringt und man nicht besser dasteht, wenn man sich »anständig« verhält, das heißt anderen hilft und zugewandt ist, drehen Jugendliche an *Compassion*-schulen diesen Trend gerade um. Sie sind keine anderen Jugendlichen und keine besseren »Gutmenschen«. Das wollen sie nicht sein, und das will und kann ein pädagogisches Projekt auch gar nicht wollen. Jugendliche zu anderen Menschen zu machen, als sie nun mal sind, das wäre weder ethisch noch pädagogisch vertretbar. Aber diese Jugendlichen sind aufgrund ihrer Begegnungen sozial sensibler. Sie wissen mehr darüber zu sagen, wie Menschen leben, die alt sind, Kind sind, behindert leben, sterben. Sie wissen mehr über die Würde dieser Menschen, über ihren Charme und ihre Lebenserfahrung, über den Umgang mit schwierigen Menschen, über Undankbarkeit und das Recht jedes Menschen, so zu leben, wie er ist. Sie wissen, daß es normal ist, verschieden zu sein, daß Menschen mit Behinderungen nicht notwendig leiden oder einem leid tun müssen. Die meisten kommen mit ihrem Leben zurecht wie jeder Mensch. Glück und Unglück sind nicht so verteilt, daß die einen schön, gesund und stark und die anderen häßlich, krank und schwach wären. Das Leben des Menschen kennt viele Bedingungen, und es kommt darauf an, das Leben leichter zu machen und nicht einfach zu töten, wenn es von der Norm abweicht.

Die Autoren der vor zehn Jahren begonnenen *Compassion*initiative (Weisbrod/Kuhn/Hirsch)[12] schrieben ihren Schulen folgenden Brief Senecas ins Stammbuch:

Und nun die zweite Frage: Wie wir mit den Menschen umgehen sollen ... Wir sind Glieder eines großen Körpers. Die Natur hat uns als Verwandte geboren, da sie uns aus demselben Ursprung und zu demselben Leben erzeugte. Sie hat uns wechselseitige Liebe zueinander eingegeben und uns so zur Gemeinschaft gebildet. Sie hat den Sinn für das Gute und Gerechte in uns gelegt ... Auf ihr Gebot hin seien unsere Hände bereit für die Hilfsbedürftigen. Der berühmte Vers sei uns im Herzen und auf den Lippen: »Ich bin ein Mensch; nichts Menschliches nenne ich mir fremd. (Homo sum, humani nil a me alienum puto).«[13]

Bei der Suche nach einem Titel für ihr Projekt kamen die Initiatoren auf das Wort *Compassion.* Und sie fügten in drei Worten hinzu, was sie damit meinten: *Menschsein für andere.* Mitleid war ihnen zu mißverständlich, Solidarität zu abstrakt.

Daher also dieses englische Wort *Compassion*. Die Initiatoren hatten es in einer Rede von John F. Kennedy gelesen. Kennedy plädierte angesichts der Entsolidarisierungstendenzen der nordamerikanischen Gesellschaft, in der alle alles nur vom Staat zu fordern geneigt schienen, für eine Gesellschaft mit *Compassion*, und er meinte damit eine Gesellschaft, in der aus menschlichem Mitgefühl erwachsenes soziales Engagement selbstverständlich ist und der sozial Handelnde nicht als der Dumme dasteht. Kein Gesetz der Welt und keine sozialstaatliche Gesetzgebung, wußte Kennedy, kann Menschen zu Mitgefühl, Mitleid und Mitmenschlichkeit zwingen, und doch kommt keine Gesellschaft ohne Mitmenschlichkeit aus. Sie wird aber freiwillig geleistet.

Die Rückkehr des Mitgefühls

Menschen, die alte Menschen besuchen und für sie kleine Besorgungen erledigen, die regelmäßig neben ihrem vollen Arbeitstag sich ganz unspektakulär für andere engagieren, tun dies, weil es ihnen »Spaß« macht. Das ist die wiederkehrende Antwort in vielen Interviews.[14] Menschen, die helfen, schätzen sich selbst und achten auf sich. Sie merken, daß sie in der Begegnung mit Menschen in ganz anderen Lebenslagen etwas an Lebendigkeit und Lebensqualität zurückbekommen, daß es dabei auch um sie selbst geht. Und sie sagen sich, daß von keinem mehr verlangt wird, als er kann, und er mit dem helfen soll, wozu er in der Lage ist. Die Sorge um sich selbst schließt die Sorge um andere mit ein. Individualisten, die nach dem Motto leben: »Ich will tun und lassen können, was ich will«, waren nach einer amerikanischen Untersuchung, die Wuthnow zitiert, nicht weniger hilfsbereit als jene, die sich für selbstlos hielten und nach eigener Einschätzung für andere aufopferten.

Damit erweist sich die traditionelle Unterscheidung von Egozentrikern und Altruisten als ziemlich ungenau. Der neue Sozialtyp lebt beides: Er lebt, wie er will, und er hilft, wenn er kann. Leben ist für ihn immer auch ein Leben mit anderen, und Solidarität mit anderen kommt dem eigenen Lebensgefühl zugute. »Solidarischen Individualismus« nannte das der Soziologe Ulrich Beck[15], und er verband mit dieser Formel die Hoffnung, daß es in Zeiten einer egozentrischen Kultur, wie wir sie vermutlich haben, immer auch ein Solidaritätspotential geben wird, das aktiv ist, wenn es darauf ankommt. Das Engagement muß aber zeitlich begrenzt sein, und man muß jederzeit wieder aussteigen dürfen. Es sollen aus dem Engagement auch keine weiteren Bindungen erwachsen oder Ansprüche abgeleitet werden. Menschen, die auf diese Weise helfen, helfen, weil sie helfen wollen, weil es ihnen Spaß macht und sie in ihrem Helfen einen Zugewinn an Lebensqualität erkennen. Sie helfen nicht, weil sie sich opfern wollen oder irgendwelche ideologischen Gründe ins Feld führen können, oder weil sie sich aus einem religiösen Antrieb heraus dazu verpflichtet fühlen. Das gilt übrigens auch für kirchlich engagierte Menschen.

Es wäre naiv, den Prozeß der Auflösung traditioneller Solidaritätsbündnisse in der Familie, Nachbarschaft oder Kirchengemeinde einfach rückgängig machen zu wollen und wie der sogenannte »Kommunitarismus« an Selbstlosigkeit und Gemeinsinn zu appellieren und zu behaupten, jeder habe mehr davon, wenn er sich zurücknimmt und mehr für die Gemeinschaft tut. Moderne Gesellschaften sind keine Gemeinschaft. Sie können es nicht sein, weil sie gerade nicht von der Übereinstimmung und Einheit, sondern der Vielstimmigkeit der Überzeugungen und Wertorientierungen ihrer Bürgerinnen und Bürger ausgehen. Das Recht zu leben, wie man will, nimmt Verschiedenheit in Kauf. Sympathie mit fremden Menschen hat man selten spontan. Mißverständnisse und Widerstände sind üblich. Aber sie werden in modernen Gesellschaften durch Gespräche und Konflikte überwunden, die zu genauem Zuhören und Wahrnehmen des jeweils anderen zwingen. Erst dadurch lernt man ihn kennen und tolerieren und nach einem langen Weg der Auseinandersetzung vielleicht sogar schätzen.[16]

Die Frage, wer mich und mein Mitgefühl braucht, wird nur in einer Gesellschaft gedeihen, die den Menschen das Gefühl gibt, gebraucht zu werden. Ein junger Mann, der im Rahmen des Sozialpraktikums an seiner Schule in einen Kindergarten ging, weil er meinte, das sei die einfachste Art, das Praktikum hinter sich zu bringen, erzählte mir: »Wissen Sie, ich will Banker werden, da brauche ich solche sozialen Sachen nicht. Ich ging also in einen Kindergarten, weil ich dachte, das ist leicht. Nicht so hart wie ein Behinderten- oder Altenheim. Nach drei Tagen warteten jeden Morgen drei Kinder auf mich. Ich bekam die den ganzen Vormittag nicht mehr los. Andere kamen hinzu. Ich war ganz schön gestreßt. Mit der Erzieherin habe ich dann abgemacht, daß sie mir die Kinder abnimmt, wenn ich den Arm hebe und mal raus muß zu einer Zigarettenpause.« Und er fügte noch hinzu: »Ich habe im Kindergarten zwei Dinge gelernt: Erstens: Die Erzieherinnen sind für ihre Arbeit unterbezahlt. Zweitens: Zum ersten Mal in meinem Leben hat jemand morgens auf mich gewartet. Das habe ich weder in der Schule noch zu Hause je so erlebt.« Der junge Mann fühlte sich diesen Kindern verantwortlich, weil sie ihm das Gefühl gaben, gebraucht zu werden. Sie waren der Grund, weshalb er sich jeden Morgen auf den Weg machte. Eine Schule, die ihm diesen Grund nicht liefert, hat keine Berechtigung. Man kann diese Einsicht auf jeden anderen Lebensraum übertragen.

II. Mitleid – ein zwiespältiges Gefühl

Mitleidspropheten und Mitleidsverächter

»Seid mir gewarnt vor dem Mitleiden: daher kommt noch den Menschen eine schwere Wolke!«[17] So warnt Friedrich Nietzsche (1844–1900) seine Zeitgenossen. In der Geschichte der Philosophie gibt es einen alten Streit über den Nutzen des Mitleids. Es gibt Mitleidspropheten und Mitleidsverächter. Seit der Antike war das Mitleid als ein Gefühl den Denkern eher verdächtig.

Mitleid ist sicher ein zwiespältiges Gefühl. Mitleid kann ich selbst mit dem ärgsten Feind haben, wenn ich ihn leiden sehe. Mitleid verdrängt den Haß. Jesus hatte Mitleid sogar mit seinen Peinigern. (Lukas 23,34) Buddha machte das Mitleid zur Grundlage seiner Religion. Mitleid ist universal. Mitleid haben Menschen auch mit Tieren. Das Leiden eines anderen Lebewesens erregt immer Mitleid. Immer? Gerade das ist nicht der Fall und stellt die Verfechter des Mitleids als Grundlage der Moral vor ein erhebliches Problem. Gefühle stellen sich ein oder eben auch nicht. Was den einen anrührt, läßt den anderen kalt. Gefühllose Menschen mögen wir verachten. Wir können ihnen Gefühle gleichwohl nicht befehlen. Auch unsere eigenen Gefühle wechseln. Für seine Gefühle ist ein Mensch also kaum verantwortlich zu machen. Eine Ethik ist darauf nicht zu gründen. Mitleid als Affekt ist daher in der theologischen Ethik ein seltenes Wort. Auch in der Bibel ist das entsprechende Wort eher selten, und es werden »häsad« (hebräisch) und »eleos« (griechisch), deutsch: Erbarmen und Barmherzigkeit bevorzugt. Wir kommen darauf im nächsten Kapitel zurück.

Die römische Philosophie hat das Mitleid (misericordia) als Gefühlsregung äußerst kritisch betrachtet. Es widersprach dem Ideal eines Menschen, der seiner selbst in allen Lebenslagen mächtig ist und sich nicht von Affekten überschwemmen läßt. Klassisches Beispiel dieser Haltung ist Lucius Annaeus Seneca (um 4 v. Chr.–65 n. Chr.). Nach Seneca »werden alle guten Männer Güte und Sanftmut zeigen (vgl. hierzu den oben zitierten Brief an Plinius), Mitleid aber vermeiden; es ist nämlich der Mangel des kleinen Geistes, der beim Anblick fremder Leiden zusammenbricht«. Das Ideal eines Stoikers ist es, auch angesichts von Schicksalsschlägen heiter und gelassen zu bleiben. Mitleid ist weibisch. »Alte Frauen und Weiblein sind es, die sich von den Tränen der Schuldigsten rühren lassen, die, wäre es erlaubt, den Kerker aufbrechen würden. Mitleid sieht nicht den Sachzusammenhang, sondern das Los an: die Güte schließt sich an die Vernunft an.« »Der Weise wird sich nicht erbarmen, sondern wird zu Hilfe eilen, wird nützen … Sooft er kann, wird er dem Geschick in die Arme fallen.« Der Weise wird also die Vernunft einsetzen, um zu helfen, soweit seine Mittel und Kräfte reichen, er wird aber nicht in Gefühlen verharren, die ihm den Überblick über das Leben versperren, und sich nicht von Anwandlungen des Erbarmens leiten lassen. Erbarmen ist nämlich Ausfluß eines Schreckens, eines Affektes also, den ein Stoiker sich nicht leistet. »Wenn einer es vom Weisen fordert, kommt es dem nahe, daß er Jammern und Schluchzen bei einem Begräbnis fordert, das ihn nicht betrifft.«[18]

Immanuel Kant (1724–1804), der dem Mitleid ebenfalls keine moralische Qualität zusprach, verzieh immerhin »die Anwandlung zu Thränen«. »Nur die Anwandlung zu Thränen und zwar aus großmüthiger, aber ohnmächtiger Theilnehmung am Leiden Anderer kann dem Mann verziehen werden, dem die Thräne im Auge glänzt, ohne sie in Tropfen fallen zu lassen, noch weniger sie mit Schluchzen zu begleiten und so eine widerwärtige Musik zu machen.«[19] Für Kant ist das »gutartige« Gefühl des Mitleidens »schwach und jederzeit blind«. Mitleid an sich ist für Kant noch keine Tugend. Es muß schon die Vernunft hinzukommen, die aus einer Regung des Gemüts eine allgemeingültige Regel und Handlungsanleitung, eine Maxime, macht, eine Pflicht zur »Wohlgewogenheit gegen das menschliche Geschlecht« mithin, welcher der Mensch unabhängig von seinem Gefühl zu folgen hat. Und warum braucht es diese Höhe eines allgemeingültigen und, wie Kant zugibt: »kälteren« Grundsatzes? Ganz einfach, weil es »nicht möglich [ist], daß unser Busen für jede[n]

Menschen ... von Zärtlichkeit aufschwelle und bei jeder fremden Noth in Wehmuth schwimme, sonst würde der Tugendhafte, unaufhörlich in mitleidigen Thränen ... schmelzend, bei aller dieser Gutherzigkeit gleichwohl nichts weiter als ein weichmüthiger Müßiggänger werden«. (Kant, Beobachtungen über das Gefühl des Schönen und Erhabenen, 1764)

Gegen diese »Kantische Abgeschmacktheit« wendet sich Arthur Schopenhauer (1788–1860) in seiner Schrift »Über die Grundlagen der Moral« (1841). Für Schopenhauer gibt es drei »Triebfedern« menschlicher Handlungen: Egoismus, »der das eigene Wohl will«; Bosheit, »die das fremde Wehe will«; Mitleid, »welches das fremde Wohl will«. Von moralischem Wert sei einzig das Mitleid, denn nur Handlungen, die völlig frei von egoistischen Motiven vollzogen werden, betrachtet Schopenhauer als moralisch. »Die Abwesenheit aller egoistischen Motivation ist also *das Kriterium einer Handlung von moralischem Werth*.« (Über die Grundlagen der Moral, III § 15/16) Und dies sei, wie die Erfahrung lehre, beim Mitleid der Fall. Das Mitleid ist die Grundlage und »Triebfeder« der Moral. »Es ist das alltägliche Phänomen des *Mitleids*, d.h. der ganz unmittelbaren, von allen anderweitigen Rücksichten unabhängigen *Theilnahme* zunächst am *Leiden* eines Andern und dadurch an der Verhinderung oder Aufhebung dieses Leidens, als worin zuletzt alle Befriedigung und alles Wohlseyn und Glück besteht. Dieses Mitleid ganz allein ist die wirkliche Basis aller *freien* Gerechtigkeit und aller *ächten* Menschenliebe.

Nur sofern eine Handlung aus ihm entsprungen ist, hat sie moralischen Werth.« (III § 15/16) Denn im Mitleid »liegt mir das Wohl und Wehe des Andern unmittelbar am Herzen, ganz in der selben Art, ... wie sonst allein das meinige.« Im Mitleid identifiziert sich der Mensch mit dem Leidenden.

Im Mitleid – auch mit Tieren – läßt der Mensch seinen Egoismus vollständig hinter sich. Das Mitleid hebt die Grenze zwischen Ich und Nicht-Ich gleichsam auf. »Der Unterschied zwischen ihm und mir [ist] kein absoluter mehr.« Und das ist für Schopenhauer das eigentliche »Mysterium« einer Ethik des Mitleids. »Jede ganz lautere Wohltat, jede völlig und wahrhaft uneigennützige Hülfe, welche, als solche, ausschließlich die Noth des Andern zum Motiv hat, ist, wenn wir bis auf den letzten Grund forschen, eigentlich eine mysteriöse Handlung, eine praktische Mystik ... Denn daß Einer auch nur ein Almosen gebe, ohne dabei auf die entfernteste Weise Anderes zu bezwecken, als daß der Mangel, welcher den Anderen drückt, gemindert werde, ist nur möglich, sofern er erkennt, daß er selbst es ist, was ihm jetzt unter jener traurigen Gestalt erscheint, also daß er sein eigenes Wesen an sich in der fremden Erscheinung wiedererkenne.« In diesem Sinne, sagt Schopenhauer, ist »das Mitleid das große Mysterium der Ethik« (III § 22).

Über soviel Mitleidsmystik, Mysterium und Schopenhauers Mitleidsethik im besonderen hat sich Friedrich Nietzsche dann lustig gemacht. Er hält Schopenhauers »Theorie eines mystischen Processes ..., vermöge dessen das *Mitleid* aus zwei Wesen eines macht und dergestalt dem einen das unmittelbare Verstehen des anderen ermöglicht«, für »unbegreiflichen Unsinn«. (Nietzsche: Morgenröthe (1881), Abschnitt 142) Ihm graust vor der Heerschar von »Mitleidigen«, die mit ihren »Thorheiten und Zudringlichkeiten«, die sie bislang sich selbst nur angetan haben, nun auch andere überfallen. Diese »Nächsten« seien zum »Flüchten«.(Ebd., Abschnitt 143) Zum einen dächten die sogenannten Mitleidigen doch auch nur an sich, »zwar nicht mehr bewußt ..., aber sehr stark unbewußt«. (Ebd., Abschnitt 133) Mitleiden sei »eine Empfindung, welche Lust enthält und Überlegenheit in kleinen Dosen zu kosten giebt: es zieht von uns ab, macht das Herz voll, verscheucht die Furcht und die Erstarrung, regt zu Worten, Klagen und Handlungen an«. Man ist beschäftigt und kann so das Leben aushalten, das doch per Definition nur Leiden ist. Mitleiden ist also »verhältnismäßig ein Glück« (ebd., 136), das sich der Mitleidige nicht gern nehmen läßt. Er will »den Genuß der thätigen Dankbarkeit«, der »guten Rache«. Weist einer die mitleidige Tat zurück, ist der Mitleidige »fast gekränkt«. »In diesem Ehrenpunkte ist der Gütigste noch kitzlich.« (Ebd., 138)

Mitleid ist nach Nietzsche also immer egoistisch. Es gehe dem Mitleidigen um sich selbst. Er nütze nur sich selbst, seinem Bedürfnis nach der Dankbarkeit und dem Beifall der Mitmenschen.

Mitleid sei also erstens Schwäche, zweitens sei es eigennützig, und drittens verletze es den Respekt und die Achtung vor dem Mitmenschen. Vor allem der letzte Vorwurf trifft die Verfechter des Mitleids im Kern ihres Selbstverständnisses. Sie halten sich für sensibel den Mitmenschen gegenüber. Nun sind sie genau das nicht, behauptet Nietzsche.

Nietzsches Attacke gegen das Mitleid (»Seid mir gewarnt vor dem Mitleiden: daher kommt noch den Menschen eine schwere Wolke!« – Nietzsche: Also sprach Zarathustra, 1883) hat einen ernsten psychologischen und philosophischen Hintergrund. Er macht auf die unbewußte und dunkle Seite des Mitleids aufmerksam. Es gibt so etwas wie eine Lust am Leiden, das man im Mitleiden auslebt, eine Betroffenheit, die, statt vor der eigenen Tür zu kehren, im Mitleid mit dem anderen versinkt. Mitleid beschäme den Leidenden und – so Nietzsche – nehme seinem Leiden die Größe. Wir sollten aber nicht in den Niedrigkeiten des Lebens uns bewegen, sondern auf seinen Höhen. Wir sollten uns mitfreuen, nicht mitleiden. Zarathustra legt er die Worte in den Mund:

Wahrlich, ich tat wohl Das und Jenes an Leidenden: aber Besseres schien ich mir stets zu thun, wenn ich lernte, mich besser freuen.

Seit es Menschen giebt, hat der Mensch sich zu wenig gefreut ...

Und lernen wir besser uns freuen, so verlernen wir am besten, Andern wehe zu thun und Wehes auszudenken.

Nietzsche stellt klar, daß Leiden und Mitleid an sich keine Werte sind. Mitgefühl und einfühlendes Verstehen (Empathie) sind es auch nicht. Wir können sie gebrauchen, wie wir wollen. Wer einen Menschen, den er haßt, verletzen will, braucht sehr viel Einfühlung, um herauszufinden und zu wissen, wo er ihn verletzen kann. Das Gefühl ist daher kein Wert, es ist ein Instrument der Wahrnehmung. Nietzsche würde nie einem Menschen die Hilfe versagen, die dieser braucht. Darin ist Nietzsche der Haltung eines Stoikers nahe. Aber er würde sich die Hand waschen, »die dem Leidenden half... Denn daß ich den Leidenden leidend sah, dessen schämte ich mich um seiner Scham willen; und als ich ihm half, da vergieng ich mich hart an seinem Stolze«. (Zarathustra) Man sollte daher ruhig »den Menschen den guten Muth zu den als egoistisch verschrieenen Handlungen zurückgeben und den *Werth* derselben wiederherstellen«. Wir sollten den Menschen »das böse Gewissen« »rauben«. Denn erst »wenn der Mensch sich nicht mehr für böse hält, hört er auf, es zu sein!«. (Nietzsche, Morgenröthe, Abschnitt 148)

Dem Christentum warf Nietzsche vor, daß es den »streng egoistischen Grundglauben« an »die absolute Wichtigkeit des ewigen *persönlichen* Heils«, dem »Nebenglauben an die ›Liebe‹, an die ›Nächstenliebe‹«, der ja wunderbar »mit der ungeheuren Praxis der kirchlichen Barmherzigkeit« zusammenpasse, geopfert habe.[20] Aus Religion wurde auf diese Weise Moral, eine Interpretation, die nicht ganz abwegig ist, wenn man Kants Eintreten für Religion bedenkt. Nach Kant stützt Religion die Moral. Der Glaube an einen Weltenrichter oder ein höheres Wesen hat noch jeden Menschen, der daran glaubt, zur Tugend gebracht. Diese Moralisierung des Glaubens nahm ihm seine Wucht. Religion als ein Mittel zur Beförderung der Moral, das, sagt Nietzsche, war der Sündenfall des Christentums, seit es vernünftig wurde, und läutete sein Ende ein. Es setzte selbst die Moral an die Stelle des Glaubens.

Die Geschichte der Mitleidsethik lehrt, daß das Mitleid bis in die Gegenwart hinein mit Vorbehalt betrachtet wurde. Die Mitleidsethik hat selbst keine Lösung, ob Mitleid nun Grundlage der Moral ist oder nicht. Die Verfechter des Mitleids, vor allem Schopenhauer, reagieren, geschichtlich betrachtet, auf die Einseitigkeit der Aufklärung und ihres Pochens auf der Vernunft als Ausweis und Vorzug des Menschen. An dieser Vernunft ist nach den Schrecken des 20. Jahrhunderts in der Tat zu zweifeln. Die moderne Mitleidsethik versucht eine Korrektur. Aber sie hat es schwer, weil sie inzwischen eine grundlegende Bedeutungsverschiebung und Entwertung des Mitleidsbegriffs berücksichtigen muß, die Schopenhauer noch ignorierte und Nietzsche erbarmungslos hervorzerrte.

Wenn uns heute jemand »leid tut« und wir ihn »zum Erbarmen« oder gar »erbärmlich« finden, dann denken wir uns nichts weiter dabei und wollen einfach sagen, daß wir ihn ein wenig verachten. Solches Mitleid ist schrecklich. Wenn uns ein mitleidiger Blick trifft, den wir nicht erwarten und nicht wollen, sind wir schockiert oder beschämt und weisen das uns gegenüber geäußerte Mitleid zurück. Mitleid ist die Beschreibung einer absolut ungleichen Beziehung. Wenn uns jemand aus Mitleid hilft, sind wir im Augenblick vielleicht froh, aber auch beschämt. Und manchmal ist es auch unklar, was eine Mitleidsbekundung meint. Ist sie gefühlige Anteilnahme oder nur Verachtung, also das Gegenteil von Anteilnahme? In Emile Zolas »Germinal« (1885) sieht das Mädchen Cathérine Maheu »in der Zuneigung, die ihr früherer Liebhaber ihr noch immer entgegenbrachte, nichts als Mitleid. Wie mußte er sie verachten!«. In Nicolas Borns Roman »Die Fälschung« (Hamburg 1979) hat der Reporter Laschen »manchmal den Eindruck ..., daß hinter Hoffmanns Schweigen ... und auch hinter seinen kränkend mitleidigen Blicken etwas stecken mußte«[21]. Von diesem Mitleid sprechen wir natürlich nicht.

Käthe Hamburger hat kritisch gegen die Mitleidsethik Schopenhauers auf die Distanz aufmerksam gemacht, die mit dem Gefühl des Mitleids verbunden sei. Dies werde nirgends deutlicher als in der erotischen Liebe. Nie und nimmer werden wir einen Menschen lieben, mit dem wir »nur Mitleid« haben. Einen Menschen nur aus Mitleid zu lieben, wäre das Gegenteil von Liebe. Liebe beruht auf Gegenseitigkeit. Mitleid ist einseitig. Wer »nur aus Mitleid« liebt, täuscht sich und den Menschen, den er angeblich liebt; denn er wahrt eine mit dem Mitleidsphänomen unaufhebbare Distanz. Er hält sich heraus. Er nimmt am Leiden des anderen Anteil, aber das Leid des anderen ist nicht sein Leid. Der andere leidet, nicht der Mitleidige. Die Grenze zwischen dem Leiden des tatsächlich Leidenden und dem Mitleid des Mitleidigen ist fließend. Klar ist jedoch, daß zwischen Mitleidigem und Bemitleidetem eine Distanz aufrechterhalten bleibt. Sie kommen sich nahe, bleiben sich aber ungleich. Deshalb, sagt Hamburger, geht Liebe aus Mitleid nicht gut. »Ein Hauch von Mitleid nur, und das heißt das geringste Eindringen eines unpersönlichen Gefühlsmoments genügt, um sie zu zerstören.«[22] Die »Natur des Mitleids« sei seine Unpersönlichkeit, bilanziert Hamburger ihre Beobachtung, und sie verweist auf die in ihrer Schlichtheit brutal anmutende Mitleidsdefinition Ludwig Wittgensteins. Wittgenstein definiert Mitleid als »eine Form der Überzeugung, daß ein Anderer Schmerzen hat«[23].

Wittgenstein übersieht dabei wohl, daß Mitleid auch ein Gefühl ist. Doch er hat etwas beobachtet, was zur Zwiespältigkeit des Mitleids gehört. Der Mitleidende nimmt eine Außenposition ein. Er schaut von außen und stellt sich vor, wie es im Inneren eines anderen aussieht. Aber er ist nicht cool, sondern denkt nach, was er angesichts des Leids eines anderen Menschen tun könnte.

»Du sollst nicht fühlen«
oder: die Unterdrückung des Mitleids

Die alte Frage, ob Mitleid angeboren oder anerzogen sei, ist bis heute nicht ganz entschieden. Einig ist man sich jedoch darin, daß die Fähigkeit zu Mitleid und Mitgefühl in Bindungen reifen und wachsen kann, die verläßlich sind und einem Menschen das Gefühl geben, gebraucht zu werden und für einen anderen Menschen wichtig zu sein. Damit sind wir bei den Chancen der Erziehung zu Mitleid und Mitgefühl.

Primo Levi, der als Häftling Auschwitz überlebt hat, schildert in seinem Bericht »Ist das ein Mensch?« folgende Begebenheit:

Pannwitz ist hochgewachsen, mager und blond; er hat Augen, Haare und Nase, wie alle Deutschen sie haben müssen, und er thront fürchterlich hinter einem wuchtigen Schreibtisch. Ich, Häftling 174517, stehe in seinem Arbeitszimmer, klar, sauber und ordentlich, und mir ist, als müßte ich überall, wo ich hinkomme, Schmutzflecken hinterlassen.

Wie er mit Schreiben fertig ist, hebt er die Augen und sieht mich an.

Von Stund an habe ich oft und unter verschiedenen Aspekten an diesen Doktor Pannwitz denken müssen. Ich habe mich gefragt, was wohl im Innern dieses Menschen vorgegangen sein mag und womit er neben der Polymerisation und dem germanischen Bewußtsein seine Zeit ausfüllte; seit ich wieder ein freier Mensch bin, wünsche ich mir besonders, ihm noch einmal zu begegnen, nicht aus Rachsucht, sondern aus Neugierde auf die menschliche Seele.

Denn zwischen Menschen hat es einen solchen Blick nie gegeben. Könnte ich mir aber bis ins letzte die Eigenart jenes Blickes erklären, der wie durch die Glaswand eines Aquariums zwischen zwei Lebewesen getauscht wurde, die verschiedene Elemente bewohnen, so hätte ich damit auch das Wesen des großen Wahnsinns im Dritten Reich erklärt.

Was wir alle über die Deutschen dachten und sagten, war in diesem Augenblick unvermittelt zu spüren. Der jene blauen Augen und gepflegten Hände beherrschende Verstand sprach: »Dieses Dingsda vor mir gehört einer Spezies an, die auszurotten selbstverständlich zweckmäßig ist. In diesem Fall gilt es festzustellen, ob nicht ein verwertbarer Faktor in ihm vorhanden ist.«[24]

»Das Mitgefühl ist die in uns eingebaute Schranke zum Unmenschlichen«, schreibt der Psychoanalytiker Arno Gruen.[25] Die Unterdrückung und Verzerrung dieses Gefühls habe die Katastrophen des 20. Jahrhunderts – dafür steht der Name Auschwitz – möglich gemacht und erkläre auch, weshalb Menschen, die hätten helfen können, wegschauten, und die etwas hätten sagen können, schwiegen. Erziehung nach Auschwitz (Theodor Adorno), sofern man angesichts der Taten von Auschwitz überhaupt noch von Er-Ziehung sprechen wolle, wäre Erziehung zu Mitleid und Mitgefühl. Genau darum ist es in unserer Zivilisation nach Arno Gruen schlecht bestellt. Die Geschichte der Unterdrückung von Mitleid und Mitgefühl sei tief in unserer Mentalität verwurzelt. Sie ziehe sich wie ein roter Faden durch unsere Geschichte und setze sich in unserem Umgang mit unseren Kindern fort.

Der noch heute weitverbreitete Erziehungsratgeber »Kinder fordern uns heraus« von Rudolf Dreikurs und Vicki Soltz (7. neue Auflage Stuttgart 2000; erstmals erschienen in Amerika 1964) rät Eltern eindringlich, kein Mitleid zu zeigen. Denn »Mitleid hat ungemein schädliche Folgen, auch wenn es gerechtfertigt und verständlich ist«. Es hindere Kinder daran, mit Enttäuschungen und Schicksalsschlägen fertigzuwerden, und führe schließlich zu Selbstmitleid. Lesen wir weiter in diesem Dokument schwarzer Pädagogik: »Irgendwann im Leben jedes einzelnen spielen sich gewisse Tragödien ab. Von uns als Erwachsenen erwartet man, daß wir sie akzeptieren und das Beste aus der Situation machen. Unsere natürliche Neigung ist, in einer tragischen Situation Mitleid mit einem unschuldigen Kind zu fühlen. Unser gutgemeintes Mitleid kann jedoch viel schädlichere Wirkungen haben als die Tragödie selbst. Ein Kind, das dadurch gelernt hat, sich selbst leid zu tun, wird unfähig, seine Verantwortung auf sich zu nehmen, wenn es mit den Lebensaufgaben konfrontiert wird, und sucht vergebens nach jemandem, der den vom Leben auferlegten Verlust wieder gutmachen kann. Es wird ihm schwerfallen, ein produktives Mitglied der Gesellschaft zu werden, weil seine Aufmerksamkeit völlig auf sich selbst gerichtet ist und auf das, was ihm vermeintlich zusteht.«[26] Das Leitbild dieser Erziehung lautet: »Das Leben ist hart, laßt uns hart sein!« Zeigen wir Mitleid, meint ein Kind, es habe ein Recht, sich selbst leid zu tun und vor Selbstmitleid zu triefen. Kinder lernten aber nur dann »Enttäuschungen zu ertragen, wenn wir Mitleid vermeiden«[27]. Mitleid mache ein Kind schwach. »Mitleid ist ein negatives Gefühl – es macht das Individuum kleiner, schwächt sein Selbstvertrauen und zerstört seinen Glauben an das Leben.«[28] Man solle sich doch an die eigene Kindheit erinnern. »Die Kraft und der Mut, mit denen wir Erwachsene den Schlägen des Lebens widerstehen, sind während der Kindheit entwickelt worden. Damals haben wir gelernt, sie in Kauf zu nehmen und weiterzumachen. Wenn wir hoffen, unseren Kindern zu einer mutigen Bejahung des Lebens zu verhelfen, ... müssen wir uns den Genuß des Mitleids verwehren.«[29] Mit anderen Worten: Eltern, die sich mit Eifer ihr Gefühl versagen und ihre eigene Kindheit, die von Kälte gekennzeichnet war, an ihre Kinder weitergeben und diese Kindheit auch noch idealisieren, machen es nach diesem Ratgeber richtig.

Oder haben wir etwas falsch verstanden? Ganz wohl scheint den Autoren dieses Textes doch nicht zu sein. Etwas stimmt an diesem männlichen Erziehungsideal nicht. Das Erziehungsideal widerspricht dem eigenen Empfinden. Es fordert auf, das eigene Erleben zu unterdrücken. Hier führen

Dreikurs und Soltz nun eine feinsinnige Unterscheidung von Mitleid und Mitgefühl ein. Tatsächlich wird ein wenig zurückgerudert. Es sei »nicht schwierig, zwischen Mitgefühl und Mitleid zu unterscheiden. Mitgefühl heißt ›ich verstehe, wie du fühlst, wie sehr es schmerzt oder wie schwierig es für dich ist. Es tut mir leid, und ich will *dir* helfen, die Härte deiner Situation zu überwinden.‹« Ist das kein Mitleid? Nein, sagen die Autoren: »Leid zu fühlen für *das*, was geschah, ist Mitgefühl. Leid zu fühlen für einen, *dem* es geschah, ist Mitleid.« Diesem Mitleid trauen die Autoren nicht. »Mitleid schließt ... eine unterschwellig gönnerhafte, überlegene Haltung gegenüber dem Menschen ein, den man bemitleidet.« Mitleid hat also mit Macht zu tun. Mitleidige Eltern sagten sich: »Du armes Ding, ich bemitleide dich. *Ich* werde alles tun, um für das, was du leiden mußt, Ersatz zu bieten.« Sie nehmen damit dem Kind die Chance, selbst etwas zu tun, um seine Lage zu verbessern. Das ist sicher richtig.

Das Problem dieses unglücklichen Ratgebers besteht meiner Meinung nach darin, daß er von einem sentimentalisierten Begriff des Mitleids ausgeht, der sich mit Klagen aufhält und geeignet ist, die Situation des Betroffenen in der Tat nur schwerer zu machen als sie ohnehin schon ist und die Kraft für einen Blick nach vorn und die Hoffnung, daß es irgendwie weitergeht, raubt. Mitleid ist für diesen Ratgeber Sentimentalität, die handlungsunfähig macht. Dieses Mitleid macht schwach. Deshalb heißt das Gebot dieses Ratgebers: »Du sollst nicht fühlen wie du fühlst. Du sollst dich vielmehr in die Lage deines Kindes hineindenken und mit ihm nach Lösungen suchen und es instand setzen, sich selbst zu helfen.« Dem zweiten Satz können wir folgen, dem ersten nicht. Er bringt Eltern und Kinder dazu, sich lächerlich zu fühlen, wenn sie zu ihrem Schmerz stehen. Eltern beweisen Stärke, wenn sie zeigen, daß nichts ihnen etwas anhaben kann. In dieser Pose halten sie ihre Gefühle für aufrichtig und echt. Tatsächlich entsprechen sie nur den Rollen, die ihnen eine mitleidlose Gesellschaft auferlegt.

Mitleid ist schädlich, lautet deren Botschaft. Und diese Botschaft hat in der Diskussion um die Mitleidsethik eine lange Tradition. Fraglich ist, ob sich auf einem Gefühl wie Mitleid überhaupt eine Ethik aufbauen läßt. Ob nicht die Vernunft zuverlässiger sei als das Gefühl, wird gefragt und seit Kant auch geglaubt. Mitleidspropheten und Mitleidsverächter stürzen sich hauptsächlich auf diesen Gegensatz von Vernunft und Gefühl. Wir müssen also klären, was Mitleid ist, ein bloßes Gefühl oder eine Haltung, die auch die Vernunft einschließt? Und wenn wir von Vernunft sprechen, welche Vernunft meinen wir dann? Der Pannwitz-Blick, den Primo Levi beschrieben hat, ist ohne jedes Mitgefühl. Er ist unmenschlich und von einer Vernunft geleitet, die wie ein Präzisionsinstrument einen Menschen auf seine Verwertbarkeit hin prüft. Pannwitz ist höflich, er spricht Levi mit »Sie« an, aber er reagiert nicht wie ein Mensch.

Mitleid zeigen

Viel hängt in dieser Diskussion natürlich auch davon ab, was man unter Mitleid versteht. Die einen sagen Mitleid und meinen damit etwas anderes als Mitgefühl. Mitleid ist für sie verächtlich, Mit*gefühl* ein Zeichen von Empfindung. Im Grunde meinen Mitleid und Mitgefühl das gleiche. Das Wort Mitgefühl bringt die mehr psychologische Seite des Mitleids ins Spiel und findet deshalb heute eher Anerkennung. Mitleid im Sinne von Mitgefühl ist ein Gefühl, das jeder Mensch kennt und ihn mit seinem Mitmenschen verbindet. Mitfühlend dürfen wir alle sein. Mitgefühl dürfen wir zeigen. Das Mitgefühl ist Teil unserer emotionalen Intelligenz.[30] Mit seiner Hilfe können wir uns in andere Menschen hineinversetzen und uns vorstellen, wie ihnen zumute ist. Die Geschichte der Menschheit begann nicht damit, daß irgendwann einer unserer Vorfahren ein Werkzeug gebaut hat, um sich sein Leben bequemer zu machen, sondern mit dieser Fähigkeit, sich den anderen vorzustellen, sich vorzustellen, wie er fühlt und wie er denkt, und mitfühlend mit ihm zu teilen, was er hat. Damit begann menschliche Gemeinschaft.[31]

Die Fähigkeit, sich vorzustellen, daß ein anderer leidet, ist Mitleid. Mitleid macht die Überzeugung stark, daß es für mich unbedingt wichtig ist herauszufinden, ob ein anderer leidet, und dann nicht zu ruhen, bis das Leiden, das vermeidbar wäre, abgestellt ist. Mitleid ist mit der Überzeugung verbunden, daß das Leiden eines Menschen,

46

auch das eines ganzen Volkes, aufgehoben und beseitigt werden sollte, wo immer und soweit das möglich ist. Mitleid und Mitgefühl sind Brücken zum Mitmenschen. Sie zeigen mir, was einem Menschen an Lebensglück und Anerkennung fehlt. Mitleid ist die Empörung und Rebellion gegen das Unglück und Unrecht, das einem anderen angetan wird. Ich kann es vielleicht nicht ändern, aber ich kann die um ihr Lebensglück Gebrachten und Vergessenen, wenn nichts mehr zu tun bleibt, in Erinnerung behalten und dem Vergessen entreißen und so würdigen. Mitleid in diesem Verständnis ist eine starke Quelle der Veränderung. Es motiviert zum Handeln.

Bleibt die Frage: Warum ich? Warum soll ich handeln, wenn es so viele andere gibt, die nichts tun, die schweigen oder wegsehen. Diese Frage ist in der Tat nicht immer vernünftig zu entscheiden. Vieles geschieht spontan. Man hat dafür nicht immer Gründe. Eine Schülerin, die zwei Wochen lang in ein Heim für pflegebedürftige alte Menschen ging, sagte mir, daß sie nachmittags, wenn sie nach Hause kam, überhaupt keine Lust mehr hatte, am nächsten Tag wieder dorthin zu gehen. Sie sah diese Menschen, die am Ende ihres Lebens standen. Aber dann, sagte sie, schöpfte sie Kraft aus dem Mitleiden. Sie ging wieder hin und was sie am Nachmittag gedacht hatte, war wie weggeblasen, erzählte sie. Sie hatte das Gefühl, das Richtige zu tun.

»Mitleidenschaft« (*Compassion*) wäre das richtige Wort für diese Handlung des Mitgefühls. Sie geht bis an die Grenzen und weiß, daß Hilfsbereitschaft an Grenzen kommt, an die eigenen und an die des anderen. Und sie achtet darauf, daß diese Grenzen nicht überschritten werden. Menschen mit Mitgefühl wollen keine leidfreie Welt schaffen. Sie sortieren die Alten und Kranken und Kleinen nicht aus, sondern verbünden sich mit ihnen. Sie haben ein Gespür dafür, daß sie selber Menschen sind, nicht stärker und nicht gesünder und nicht größer als andere Menschen, und Gesundheit und Behinderung, Stärke und Hinfälligkeit, Glück und Leid, Schönheit und Mißbildung nie so verteilt sind, daß die einen alles »Gesunde« und die anderen den »schlechten« Rest haben. Mitleid ist kein Selektionswort. Es erklärt Menschen, die alt sind, nicht zu Leidenden, und Menschen die behindert sind, nicht zu armen Kreaturen.

Das menschliche Leben ist breiter und vielfältiger, als man denkt. Das anzuerkennen löst viele Blockaden. Wir brauchen die Mitmenschen nicht alle zu lieben, das können wir nicht, wie wir wissen, und das tun wir auch nicht. Aber wir können sie anerkennen als Menschen, so wie sie nun einmal sind. Wir brauchen sie uns nicht gleichzumachen. Und wir müssen das auch nicht, wenn wir Mitleid empfinden. Die Not eines anderen Menschen rührt mich an und drängt zum Handeln. Ich werde also versuchen, seine Lage zu verbessern, nicht aber ihn, den Menschen. Er mag als Mensch ein anderes Leben führen als ich, andere Überzeugungen, andere Vorstellungen, eine andere

Moral und einen anderen Glauben und eine andere Sprache und Kultur haben, ich komme ihm mitfühlend als einem Menschen nahe, der sein kann und sein darf wie er ist. Dem Gefühl des Mitleids tut dies zunächst keinen Abbruch. Es stellt sich ein und ist da und fragt nicht, ob es gerechtfertigt ist. Deshalb kann Mitleid ja auch ausgenutzt, mißbraucht und getäuscht werden. Mitleid und Mitgefühl zu zeigen erfordert deshalb Mut, viel mehr Mut als der coole Rückzug ins scheinbar gleichgültige Ich. Gleichgültigkeit ist keine Alternative. Cool sein, sich nicht vom Leid eines anderen anrühren lassen, ist ein seelisches Notprogramm.

III. Barmherzigkeit und Nächstenliebe – das biblische Zeugnis

Ein Gott mit Compassion

Der Gott Israels ist ein Gott der *Compassion*, hebräisch »häsäd«, in der Einheitsübersetzung mit »Barmherzigkeit«, »Erbarmen«, in anderen Übersetzungen auch mit »Huld« und »Gnade« wiedergegeben. Ich übersetze im folgenden »häsad« mit *Compassion*. Die *Compassion* wird von Gott ausgesagt. Gott ist barmherzig. Er wendet sich in Barmherzigkeit seinem Volk zu. Nicht der Mensch ist barmherzig mit Gott, sondern Gott ist barmherzig mit dem Menschen. Dieses Gefälle steckt im biblischen Verständnis von Barmherzigkeit selbstredend mit drin.

Israel verdankt seine Existenz Gottes Erbarmen. Das ist die grundlegende geschichtliche Erfahrung Israels. Sie wurde in der Exilszeit des sechsten Jahrhunderts vor Christus gemacht, als der Tempel, das religiöse Zentrum Israels, zerstört, die Eliten des Volkes verschleppt und Israel als Staat ausgelöscht war. Die Texte des Ersten Testaments[32], die von Gottes *Compassion* sprechen, stammen überwiegend aus der Zeit des babylonischen Exils (587 bis 532 v. Chr.) bzw. aus der Zeit nach dem Exil und reflektieren das Unfaßbare dieser Katastrophe wie des Neuanfangs. Dieser geschichtliche Zusammenhang ist mitzulesen, wenn es im Deuteronomium, dem fünften Buch Mose, heißt: »So sollst du denn erkennen, daß Jahwe, dein Gott, der wahre Gott ist, der treue Gott, der den Bund und die *Compassion* bis auf tausend Geschlechter denen bewahrt, welche ihn lieben und seine Gebote halten.« (Deuteronomium 7,9; vgl. 5,10; Nehemia 1,5; 1 Könige 8,23; 2 Chronik 6,14; Daniel 9,4; Exodus 20,6) Gott bleibt bei seiner Zusage: Er wird sich immer wieder seines Volkes erbarmen.

Der Bund (hebräisch: *berit*) und die *Compassion* Gottes gehören zusammen. So wie der Bund Gottes mit Israel nie aufgehoben wurde, so auch nicht seine *Compassion* mit diesem Volk. Das nachexilische zweite Buch der Chronik blickt mit diesem Bewußtsein von Gottes Erbarmen auf die Vorgeschichte des Exils zurück, auf die Zeit der Könige und ihr Ende, das unausweichlich war, weil sich »alle Priesterfürsten und das Volk« von Jahwe abwandten. Aber selbst jetzt, heißt es, hatte Jahwe »Mitleid mit seinem Volk« (2 Chronik 36,15). Die Bibel scheut sich offensichtlich, Gottes Erbarmen zu verneinen, obwohl das Exil theologisch kaum anders denn als Entzug des Erbarmens Gottes, seines Schutzes und seiner Hilfe gedeutet werden kann. Diesen Mut haben die vorexilischen Propheten:

Wer hat Mitleid mit dir, Jerusalem, wer tröstet dich? Wer biegt vom Wege ab, zu fragen, wie es dir geht? Du selbst hast mich verworfen, gingst weg von mir. So habe ich denn meine Hand ausgestreckt und dich vernichtet. Ich war es müde, mich zu erbarmen. (Jeremia 15,5f)

Der gleiche Grundton ist schon bei Hosea zu hören: »Nicht will ich länger dem Haus Israel meine *Compassion* erweisen und voll verzeihen.« (Hosea 1,6; der später hinzugefügte Vers Hosea 1,7 nimmt diese Aussage freilich wieder zurück.) Und Jesaja: »Die Führer dieses Volkes wurden Verführer, und seine Geführten sind in die Irre gegangen. Darum wird der Herr seine junge Mannschaft nicht schonen und sich seiner Waisen und Witwen nicht erbarmen.« (Jesaja 9,15f) »Es ist ein Volk ohne Einsicht. Deshalb wird sein Schöpfer sich seiner nicht erbarmen.« (Jesaja 27,11) Der Barmherzige ist ohne Erbarmen, weil er wegen der Schuld des Volkes anders nicht kann. Gerechtigkeit und Erbarmen stehen in einer Wechselbeziehung. Die moderne Trennung des Mitgefühls und der erbarmenden Fürsorge vom Anspruch auf Gerechtigkeit ist der Bibel des Ersten Testaments fremd. Gott wird aus diesem Dilemma nicht herausgenommen. Ist er gerecht, muß er sein abtrünniges Volk aufgeben. Erbarmt er sich, stellt sich die Frage der Gerechtigkeit für all jene, die unter der Verletzung des Bundes und von Recht und Gerechtigkeit zu leiden haben: die Armen, die Witwen und Waisen, die Fremden. Die Vorstellung von Gottes Gerechtigkeit muß mit der Vorstellung von Gottes Barmherzigkeit in Balance gebracht werden, und daraus ergibt sich die theologische Antwort auf die Katastrophe des Exils und die Begründung der Heimkehr. Jahwe ist »ein gnädiger und barmherziger Gott, langmütig und reich an Gnade (*Compassion*) und Treue, der Gnade (*Compassion*) bewahrt bis ins tausendste Geschlecht, Schuld, Frevel und Sünde vergibt, aber nicht ganz ungestraft läßt (!), sondern die Schuld der Väter heimsucht an den Söhnen und Enkeln bis in das dritte und vierte Geschlecht« (Exodus 34,6f).

Das Erbarmen Gottes ist wie sein Zorn konkret: Er führt sein Volk aus dem Exil, befreit es aus Gefangenschaft, läßt es in sein Land heimkehren, läßt ab von seinem Zorn, schafft seinem Volk Recht. So muß den Heimkehrern aus dem Exil und ihren Nachfahren Gottes Handeln vorkommen. Die *Compassion* Gottes ist geschichtlich und politisch wirksam als Befreiung. Daran gibt es keinen Zweifel. Hosea sagt deshalb voraus: »Ich schließe für sie an jenem Tag einen Bund ... und lasse sie wohnen in Sicherheit. Dann wirst du mir angetraut auf immer, angetraut in Gerechtigkeit und Recht, in Liebe und *Compassion*.« (Hosea 2,21) Und im Rückblick sagt Gott bei Jesaja: »Als sich mein Zorn ergoß, verbarg ich auf kurze Zeit mein Angesicht vor dir; doch mit ewiger *Compassion* erbarme ich mich deiner, spricht Jahwe, mein Erlöser.« (Jesaja 54,8) Dieses Vertrauen in Gottes Erbarmen ist nicht leicht. Im politischen Raum wirkt es reichlich naiv. Deshalb glauben die politischen und militärischen Führer, die vor dem babylonischen Heer Nebukadnezars nach Ägypten fliehen, Jeremia nicht das Wort Jahwes: »Ich verschaffe euch Erbarmen (bei Nebukadnezar), so daß er sich euer erbarmt und euch auf eurem Heimatboden wohnen läßt.« (Jeremia 42,12) Sie bauen lieber auf die Ägypter als auf Jahwe und laufen damit in ihr Verderben. Und in einer Vision des Propheten Sacharja (zirka 520 v. Chr.), der den Wiederaufbau Jerusalems vor Augen hat, sagt Gott: »Ich wende mich Jerusalem erbarmungsvoll zu; mein Haus soll darin wieder aufgebaut werden ... Verkünde weiter und sprich: So spricht Jahwe Zebaot: Fortan sollen überströmen meine Städte von Glück, und Jahwe wird Zions sich wieder erbarmen und Jerusalem von neuem erwählen.« (Sacharja 1,16)

Während in den Geschichtswerken (Exodus und Büchern der Chronik) und Prophetenbüchern von Gottes Barmherzigkeit und Erbarmen immer nur in wörtlicher Rede und in Selbstaussagen Gottes die Rede ist und Gott sich in diesen Aussagen als ein Gott des Mitgefühls und der *Compassion* offenbart, sprechen die Psalmen von Gottes Barmherzigkeit und Erbarmen im Bekenntnis:

»Es geleitet mich deine *Compassion* (Gnade und Huld) durch alle Tage des Lebens.« (Psalm 23,6)[33]

Hier spricht nun nicht Gott von seinem Erbarmen, sondern der Mensch spricht. Er preist Gottes Erbarmen und Barmherzigkeit, ohne daraus allerdings eine ethische Forderung abzuleiten. Die Barmherzigkeit Gottes ist nicht die des Menschen. Gott ist der Barmherzige, nicht der Mensch. Aber der Mensch, der in seinem Tun Barmherzigkeit zeigt, macht, was Gott tut.

Barmherzigkeit tun

Psalm 136 preist Gottes *Compassion* mit der gesamten Schöpfung. Gottes Barmherzigkeit ist universal. Sie gilt jedem, der leidet, auch den Tieren (»Der Gerechte sorgt für seines Viehs Bedürfnisse«, Sprichwörter 12,10). Die Armen stehen unter dem besonderen Schutz Jahwes: »Wer den Geringen bedrückt, schmäht dessen Schöpfer; aber ihn ehrt, wer sich des Armen erbarmt.« (Sprichwörter 14,31) »Wer seinen Nächsten mißachtet, sündigt; aber wohl dem, der sich der Elenden erbarmt!« (Sprichwörter 14,21) Oder noch anders: »Wer sich erbarmt des Hilfsbedürftigen, leiht an Jahwe aus, und er (Jahwe) wird ihm seine Guttat vergelten.« (Sprichwörter 19,17) Barmherzigkeit zeigt sich im Tun. Die Bibel besteht auf dem Tun.

Wißt Ihr nicht, wie das Fasten ist, das ich liebe? So spricht der Herr Jahwe: Ungerechte Fesseln öffnen und des Joches Stricke lösen; die Bedrückten frei entlassen und jegliches Joch zerbrechen; dein Brot dem Hungrigen brechen und obdachlose Arme aufnehmen in dein Haus; den Nackten, den du siehst, bekleiden und dich deinen Mitmenschen nicht entziehen. (Jesaja 58,6–8)

Dieses Verständnis tätigen Mitleids setzen die frühen Christen fort. Der Verfasser des ersten Johannesbriefs formuliert unmißverständlich, daß es auf das Tun der Barmherzigkeit ankommt:

Wenn einer die Güter der Welt besitzt und seinen Bruder Not leiden sieht und sein Herz vor ihm verschließt, wie kann in dem Gottes Liebe bleiben? Liebe Kinder! Wir wollen nicht mit Worten lieben und mit der Zunge, sondern in Tat und Wahrheit. (1 Johannes 3,17f)

Als klassisches Beispiel christlicher Barmherzigkeit gilt der barmherzige Samariter. Aber wir werden gleich sehen, daß aus diesem Gleichnis keine Lehre herauszuholen ist, die nur die Christen beträfe.

»Er sah ihn (den Überfallenen) und wurde von Mitleid ergriffen (esplagchnisthe)«, heißt es bei Lukas 10,33 vom barmherzigen Samariter. Um zu verstehen, warum Jesus diese Geschichte erzählt und sich mit dieser Geschichte gleichsam in das Menschheitsgedächtnis hineinerzählt hat, müssen wir den Rahmen, das Vorgespräch genauer lesen:

Und siehe, ein Gesetzeskundiger stand auf, um ihn auf die Probe zu stellen, und sagte: Lehrer, was muß ich tun, um ewiges Leben zu erben? Er aber sagte zu ihm: Was steht im Gesetz geschrieben? Was liest du? Der antwortete und sagte: Du sollst den Herrn, deinen Gott, lieben aus deinem ganzen Herzen und mit deiner ganzen Seele und mit deiner ganzen Kraft und mit deiner ganzen Einsicht, und deinen Nächsten wie dich selbst. Er aber sprach zu ihm: Richtig antwortetest du; tu dies, und du wirst leben. Der aber wollte sich rechtfertigen und sprach zu Jesus: Und wer ist mein Nächster?

Da sprach Jesus: Ein Mensch stieg hinab von Jerusalem nach Jericho und fiel unter die Räuber, die zogen ihn aus und versetzten ihm Schläge, gingen weg und ließen ihn halbtot liegen. Durch Zufall aber stieg ein Priester herab auf jenem Weg, er sah ihn und ging vorbei. Gleicherweise kam auch ein Levit an den Ort, er sah ihn und ging vorbei. Ein Samariter aber, der unterwegs war, kam zu ihm, er sah ihn und wurde von Mitleid ergriffen. Und er kam ihm nahe, verband seine Wunden, goß Öl und Wein darauf, setzte ihn auf sein eigenes Lasttier, führte ihn in eine Herberge und sorgte für ihn. Und am Tag darauf nahm er zwei Denare, gab sie dem Herbergswirt und sprach: Sorge für ihn, und was immer du dazu aufwendest, bei meinem Zurückkommen werde ich es dir zurückgeben. Wer von diesen dreien dünkt dir, dem unter die Räuber Gefallenen Nächster geworden zu sein? Der aber sprach: Der das Erbarmen mit ihm getan hat. Jesus sprach zu ihm: Geh, und tu es in gleicher Weise. (Lukas 10,25–37)

Der Samariter handelt aus Mitleid. Er reflektiert nicht, ob seine Hilfe angemessen ist, er wägt nicht erst ab, handelt streng genommen also gar nicht ethisch, wenn ethisch Handeln heißt, aufgrund von Wahlmöglichkeiten sich zu entscheiden und daraufhin selbstverantwortet und bewußt zu handeln. Nein, der Samariter hilft aus einem Impuls heraus, ohne zu wissen und zu überlegen, was die Situation von ihm fordert, und was er von seiner Hilfeleistung hat. Er sieht hin und weiß.

Die Geschichte hat insofern keine Moral und kein Ethos. Sie zeigt etwas ganz einfach Menschliches. Der Samariter reagiert als ein Mensch, der sich von Mitgefühl überwältigt einem »Halbtoten« nähert. Er reagiert mit unglaublicher Selbstverständlichkeit und tut, was getan werden muß, während die religiösen Führer in dieser Geschichte, Priester und Levit, kläglich versagen. Sie handeln vermutlich aus religiösen Motiven (Tote galten als unrein) und versagen deshalb. Der Samariter hat solche Motive nicht. Vielleicht ist er gerade deshalb in der Lage, das menschlich betrachtet Nächstliegende zu tun. Daraus folgt: Religion ist keine Garantie dafür, daß ein Mensch Mitleid zeigt. Sie ist unter Umständen sogar ein Hindernis. Nicht nur der moderne Mensch in der »Ego«-Falle handelt vielleicht nicht. Es handelt auch der Mensch nicht, der alle Bibelstellen von Gottes Barmherzigkeit kennt. Doch darin liegt gar nicht so sehr die Provokation dieses Gleichnisses. Der Samariter handelt, weil er keine religiösen Barrieren hat. Er könnte kulturelle Unterschiede geltend machen, wenn wir annehmen, daß der Überfallene Jude ist. Aber das wissen wir nicht genau. Sein Mitleid und Mitgefühl anerkennen jedenfalls keine religiösen, kulturellen oder sozialen Grenzen. Nichts stoppt ihn. Er muß nicht religiös und nicht Samariter sein, um Hilfsbereitschaft zu entwickeln. Eine christliche Ethik des Helfens ist deshalb im Grunde nicht wirklich nötig und – entgegen immer noch verbreiteten Vorstellungen – aus der Samaritergeschichte auch nicht zu gewinnen.

Die theologische Diskussion dieses Sachverhalts findet in der Rahmenhandlung zu dieser Geschichte statt. Sie nimmt ihren Anfang in einem Streitgespräch über die Frage, was ein Mensch tun müsse, um das »ewige Leben« zu erlangen. Die Antwort der Schrift lautet: »Du sollst den Herrn, deinen Gott, lieben mit deinem ganzen Herzen und mit deiner ganzen Seele und mit deiner ganzen Kraft und mit deinem ganzen Denken und deinen Nächsten wie dich selbst.« (Lukas 10,27) Beide Gebote sind Zitate aus dem Ersten Testament: »Du sollst Jahwe, deinen Gott, lieben aus deinem ganzen Herzen und mit aller Kraft!« (Deuteronomium 6,5) und: »Räche dich nicht ... sondern liebe deinen Nächsten wie dich selbst.« (Levitikus 19,18)

»Und wer ist mein Nächster?«, wird Jesus gefragt. Daraufhin erzählt er das Gleichnis vom barmherzigen Samariter.

Das Gleichnis hat eine lange Auslegungsgeschichte. Gerd Theißen[34], dem wir nun folgen, interpretiert es im Blick auf die oben (Kapitel 1) skizzierte Krise des Helfens, die von drei Einwänden bestimmt ist: 1. Zur Ideologie einer Ego-Gesellschaft gehört die Vorstellung, Hilfe sei Selbstausbeutung. Der Helfer könne sich nicht richtig vom Hilfsbedürftigen abgrenzen, er habe eine Art Helfersyndrom. 2. Mitleid und Barmherzigkeit haben mit Macht zu tun. Der Helfer helfe nur sich selbst. 3. Hilfsbereitschaft ist letztlich egoistisch. Sie diene nur den eigenen Nachkommen und der eigenen Gruppe, der Streuung und Verbreitung der eigenen Gene.

Es lohnt sich, mit diesen Argumenten das Gleichnis vom barmherzigen Samariter zu lesen. Dann zeigt sich ein Modell mitleidigen Handelns, das vom Samariter zu tun verlangt, was er leisten kann, nicht mehr, nicht weniger. Er hat bestimmt kein Helfersyndrom und beutet sich nicht aus. Er verabschiedet sich von dem Überfallenen, sobald er den zweiten Helfer, der den Verletzten übernimmt, gefunden hat. Die Zuwendung des Samariters bleibt auf jeden Fall zeitlich begrenzt. Er kann sich offenbar gut lösen. Er bleibt nicht, bis er selbst nichts mehr hat, sondern setzt seinen Weg alsbald fort.

Vielleicht aber genießt er die Macht, einen so hilflosen Menschen vor sich zu haben? Er ist der Starke, und dort ist der Schwache? Um hier weiterzukommen, müssen wir den Unterschied zwischen Barmherzigkeit und Nächstenliebe im antiken Umfeld beachten. In der orientalischen Antike war Barmherzigkeit in der Tat ein Gnadenerweis der Mächtigen. So denkt auch die Bibel die Barmherzigkeit Gottes. Barmherzigkeit war ein Geschehen unter grundsätzlich Ungleichen. Die Mächtigen und Reichen, die auf gesellschaftliches Ansehen Wert legten, rühmten sich ihrer Barmherzigkeit. Barmherzigkeit war eine Statusfrage und hatte ihren Platz in einer autoritären Gesellschaft mit ausgeprägten Standesunterschieden. Dagegen war (und ist) die Nächstenliebe ein Konzept der Beziehung unter Gleichen. Es taucht ebenfalls in der (römischen) Antike schon auf und ist wie Freundschaft nur unter Gleichgestellten und

Gleichberechtigten denkbar. Nächstenliebe in dieser Bedeutung einer Beziehung zwischen Menschen, die sich als gleich und ebenbürtig erachten, ist symmetrisch. Nächstenliebe gibt es nur zwischen Menschen, die sich gegenseitig als gleichwertig akzeptieren. Der »Nächste« ist immer nur der, der mir gleich ist und den ich als mir gleich akzeptiere. Der Nächste ist der mir gleiche Mensch. Wenn es am Ende der Zehn Gebote heißt: »Du sollst nicht begehren das Haus deines Nächsten. Du sollst nicht begehren das Weib deines Nächsten, noch seinen Knecht, noch seine Magd, noch sein Rind, noch seinen Esel, noch irgend etwas, was deinem Nächsten gehört.« (Exodus 20,17), dann ist mit dem »Nächsten« der vermögende Nachbar gemeint, nicht irgendein mittelloser und hilfsbedürftiger Mensch. Die Liebe zum Nächsten gibt es nur unter Gleichen. Jedes Machtgefälle muß ausgeschlossen sein.

Offensichtlich hatten schon die frühen Christen damit ein Problem. Denn die sozialen Unterschiede bestanden natürlich auch in ihren Reihen fort, und es scheint, daß es sehr wohl Statusunterschiede gab und Unterschiede in der Beachtung der einzelnen Gemeindemitglieder gemacht wurden, so daß der Verfasser des Jakobusbriefs seine Adressaten eindringlich mahnen muß, jeden in der Gemeinde ohne Rücksicht auf seinen Status, arm oder reich gleich zu behandeln.

Wenn ihr das königliche Gesetz erfüllt nach der Schrift: »Liebe deinen Nächsten wie dich selbst«, so tut ihr recht; wenn ihr aber die Person anseht, tut ihr Sünde und werdet überführt vom Gesetz als Übertreter. (Jakobus 2,8f)

Im Gleichnis vom barmherzigen Samariter treffen zwei aus der Gesellschaft ausgeschlossene Menschen aufeinander. Der Überfallene ist ausgeschlossen aufgrund seines bösen Geschicks, der Samariter aufgrund seiner Außenseiterrolle auf jüdischem Gebiet. Zwischen beiden Menschen besteht in dieser Hinsicht Symmetrie, und sie begegnen sich auf dieser Ebene als gleiche. Ein Machtgefälle besteht kaum. Und einen Vorteil kann der Samariter aus seiner Hilfsbereitschaft auch nicht ziehen. Es ist sehr unwahrscheinlich, daß der Überfallene die gleichen Gene hat. Es ist unklar, ob der »halbtot« daliegende Mann tatsächlich überlebt. Nicht abzusehen ist, ob der Überfallene dem Samariter mit Gleichem vergelten kann. Das würde voraussetzen, daß zwischen beiden nun eine lange Beziehung entsteht. Der Samariter aber geht weiter, nachdem er erste Hilfe geleistet hat. Alle Erwägungen, ob der Samariter nicht doch nur an sich gedacht haben könnte, greifen bei dieser Geschichte also nicht.

Und es kommt noch eine Schwierigkeit hinzu, die sich erst am Ende der Geschichte auflöst: Der Samariter ist nicht von vornherein »der Nächste«. Das wird er erst durch die Frage und den Kommentar, den Jesus seiner Geschichte anfügt. »Welcher von diesen dreien (Priester, Levit, Samariter) scheint dir der Nächste geworden zu sein, dem, welcher unter die Räuber fiel?« (Lukas 10,36) Die Fragestellung ist entscheidend. Jesus fragt nicht:

»Wer ist der Nächste gewesen?«, sondern: »Wer ist der Nächste *geworden*?« Darum geht es: Wie wird ein Mensch zum Nächsten? Im griechischen Text liegt hier ein kleines Wortspiel vor. Frei übersetzt fragt Jesus nämlich: »Welcher von diesen dreien scheint dir dem, welcher unter die Räuber fiel, *nahe* gekommen zu sein?« Das ist offensichtlich und ganz handfest der Samariter. Der »Nächste« ist der, der sich auf das Opfer zubewegt und ihm dadurch »der Nächste« wird. Das erscheint banal, ist aber für das Verständnis, wer im christlichen Verständnis einem Menschen der Nächste ist, entscheidend. Der Nächste ist nicht jener, der aufgrund seines Status als Familienmitglied oder aufgrund der Rechtslage Anspruch auf Hilfe hat. Das macht ihn noch nicht zum Nächsten. Der Nächste ist der, den und dem wir uns zum Nächsten machen, dem wir uns nähern, um Hilfe leisten zu können. Dabei kommen wir ihm unwillkürlich »nahe«. In christlichem Verständnis ist »Bruder« und »Schwester« dann nicht nur der Mensch, mit dem ich genetisch verwandt bin, sondern prinzipiell jeder Mensch.

Gehen wir nochmals an den Anfang der Geschichte. Für Priester, Levit und Samariter war der Überfallene »halbtot«. Die Frage, ob es sich lohnt, noch zu helfen, mußte sich allen drei stellen. Wenn wir annehmen, daß der Überfallene Jude war (das wird nicht ausdrücklich gesagt), müßten Priester und Levit ihm als einem Volksgenossen am nächsten stehen und am ehesten helfen. Sie geben ihn jedoch auf. Er ist aus ihrem Leben herausgefallen. Diesem Verlorenen, Aufgegebenen und Aussortierten wendet sich der Samariter zu. Der Verlorene, Aufgegebene, Aussortierte ist sein »Bruder« und gehört zu jenen »geringsten«, mit denen sich der Weltenrichter in der großen Gerichtsrede des Matthäusevangeliums selbst identifiziert. (Matthäus 25,31–46)

Ich hungerte, und ihr gabt mir zu essen, ich dürstete, und ihr gabt mir zu trinken, fremd war ich, und ihr führtet mich ein, nackt, und ihr umkleidetet mich, krank war ich, und ihr schautet nach mir, im Gefängnis war ich, und ihr kamt zu mir. (Matthäus 25,35f)

Am Schluß des Samaritergleichnisses hat man fast vergessen, daß das Gleichnis im Anschluß an die theologische Frage nach dem »ewigen Leben« erzählt wird. Das »ewige Leben« erlangt, wer das Doppelgebot der Liebe erfüllt, sagt der Gesetzeslehrer, und Jesus stimmt ihm ausdrücklich zu. Er sagt ihm: »Tu das, und du wirst leben.« (Lukas 10,28) Was heißt hier »leben«?

Die christliche Rede vom jüngsten Gericht, vom Weltenrichter und ewigen Leben ist ein wenig aus der Mode gekommen. Man kann dieser Mythologie wenig abgewinnen. Kaum einer glaubt daran. Dennoch sollte man den Impuls, der in diesen Bildern vom Endgericht und in der Sehnsucht nach »ewigem Leben« steckt, nicht vergessen. Endgericht meint, daß jedes Leben wichtig ist, keines verlorengeht und gerade das übergangene, aufgegebene, aussortierte und weggeworfene Leben von Gott angeschaut wird und vor Gott Wert hat.

Ewiges Leben in diesem Sinne ist mehr als biologisches Leben. In biologischer Sicht unterliegt das Leben des Menschen der Selektion. Mit der modernen Reproduktionsmedizin beginnt der Mensch, die Selektion selbst in die Hand zu nehmen. Das beschädigte Leben, in das zu investieren unendliche Mühe kostet, wird immer früher erkannt und kann aussortiert werden. Um der biologisch und evolutionär notwendigen Auslese willen nimmt der Mensch den Tod in Kauf. Das ist das Leben. »Ewiges Leben« beginnt, wenn die Selektion des verlorengegebenen Lebens aufhört. Der Imperativ des Samaritergleichnisses lautet: Rette das Verlorene! Der christlichen Nächstenliebe, schreibt Theißen, werden die Argumente für das Helfen schnell ausgehen, »solange man nur von einem Leben im biologischen Sinne spricht und Hilfe dadurch begründen will, was biologisch (und evolutionär) funktional ist«; und zwar »gerade dort, wo christliche Nächstenliebe immer ihre besondere Aufgabe gesehen hat: bei den zerstörten, zerrütteten, hilflosen Menschen, die oft nur noch ein Schatten ihrer selbst sind«[35].

In den neutestamentlichen Wundergeschichten, in denen immer wieder vom Erbarmen Jesu gesprochen wird, in den Seligpreisungen der Bergpredigt und ihrer Ethik (»Seid barmherzig, wie euer Vater im Himmel barmherzig ist«, Lukas 6,36) und in der schon erwähnten Gerichtsrede des Matthäusevangeliums (Matthäus 25,31–46) lenkt Jesus den Blick gerade auf jene, die im Selektionsdruck verlorengehen, und nennt sie

»Brüder« (und »Schwestern« wäre zu ergänzen; Matthäus 25,40). Die christliche Nächstenliebe hat ein Verständnis von Leben, das Selektion, Auslese und Vernichtung, nicht akzeptiert und deshalb den Tod aus dem Leben herausnimmt. »Wir wissen, daß wir aus dem Tod ins Leben hinübergegangen sind, weil wir die Brüder lieben.« (1 Johannes 3,14) Das »ewige Leben« beginnt nicht im Jenseits, sondern in dieser Welt, wenn wir Mitleid und Solidarität gerade mit denen zeigen, die scheinbar oder tatsächlich nicht mehr dazugehören. Das nennt Jesus »Vollkommenheit«. »Vollkommen« (Matthäus 5,48) ist der Mensch, dessen *Compassion* prinzipiell jedem Menschen gilt, nicht nur den Freunden und der eigenen Familie. Das tun ja alle, sagt Jesus, und fällt leicht, ist aber eben noch nicht alles und deshalb nicht vollkommen. Jesu Imperativ lautet dagegen: »Seid vollkommen, wie euer himmlischer Vater vollkommen ist!« (Matthäus 5,48) Mit anderen Worten: Nehmt in euer Leben hinein, was immer euch begegnet. Laßt es zu. Grenzt es nicht aus. Dann bekommt euer Leben »Fülle«. Leben »in Fülle« ist »ewiges Leben«. Dazu fordert Jesus seinen Gesprächspartner auf.

IV. »Leidempfindliche Gottesrede« (Johann Baptist Metz)

Die biblisch-christliche Gottesrede entdeckt im Mitgefühl etwas, was sie mit allen Menschen verbindet. Der Gott der *Compassion* ist ein mitfühlender Gott. Er macht das Leiden der Menschen zu seinem Leiden. Dieser Gott ist nicht »stark«, obwohl es natürlich in der biblisch-christlichen Tradition die Züge eines machtvollen, kriegerischen Gottes auch gibt, der eifersüchtig ist und die Missetaten der Väter an unschuldigen Kindern rächt bis ins dritte und vierte Glied (Exodus 34,6f) und der Mitleid mit Feinden verbietet (Deuteronomium 7,1ff; 1 Samuel 15,1ff und andere). Dieses erschreckend grausame und lebensfeindliche, von Unterwerfung des Menschen unter Gott, des Sohnes unter den Vater, der Frau unter den Mann gezeichnete Gottesbild wurde von der feministischen Gottesbildkritik zu Recht heftig angegriffen. Der allmächtige Vater verbreitete Furcht und Schrecken. Wer sich ihm nicht unterwarf und nicht seinen Willen geschehen ließ, wurde bestraft. Wie aber sollen wir einen Gott lieben, der uns Angst macht?[36] Dieses Leiden produzierende Gottesbild kann man nicht ungeschehen machen. Es ist nicht nur männlich, es ist auch revisionsbedürftig. Freilich ist mit dem Austausch von Gottesbildern allein noch nicht viel gewonnen. Zu Bedenken bleibt, daß die Rede vom allmächtigen, zürnenden und eifernden Gott – geschichtlich betrachtet – nicht einfach nur männlich und Ausdruck von Männermacht war, wahrscheinlich bildete sie auch die Vision der Befreiung der Unterdrückten von ihren Unterdrückern, der Schwachen von ihren Herren ab, das Bild eines Gottes also, der sich für seine Bundesgenossen, denen er sich verpflichtet wußte, die Unterdrückten und Armen, ins Zeug legt und Partei ergreift. Diesen Gott braucht nicht, wer sich selbst helfen kann. Dieses Gottesbild wird fragwürdig finden, wer unter Männern zu leiden hatte. Erfahrungen prägen Bilder und machen Bilder möglich oder eben auch unmöglich. Johann Baptist Metz wird nicht müde, darauf zu verweisen, daß »die Rede vom Gott Abrahams, Isaaks und Jakobs, der auch der Gott Jesu ist ... nicht Ausdruck irgendeines Monotheismus (Ein-Gott-Glaubens) ist, sondern eines ›schwachen‹, eines verletzbaren, eines empathischen (mitfühlenden) Monotheismus, sie ist in ihrem Kern eine leidempfindliche Gottesrede«[37]. Das biblische Bilderverbot enthält ja eine radikale Kritik an den hier nur angedeuteten Männerphantasien und Gewalterzählungen mit ihrem Freund-Feind-Schema. Und die Frage nach dem Leid der Schwachen, der Fremden, ja sogar der Feinde, fordert das biblische Denken heraus, weil dieser Gott der *Compassion* ein Gott aller ist. Er ist Gott für alle, oder er ist überhaupt kein Gott. Und wenn er das sein will, dann kann er das nur dort sein, wo er für alle Menschen bedeutsam ist, und das ist dort, wo die Gottesrede »eine für fremdes Leid empfindliche Gottesrede«[38] ist.

Die neutestamentliche Überlieferung stellt Jesus selbst als einen Menschen dar, dessen Blick immer zuerst und vorab dem Leid der Menschen galt, nicht der Sünde. »Die Sünde war ihm vor allem Verweigerung der Teilnahme am Leid der Anderen, war ihm Weigerung, über den Horizont der eigenen Leidensgeschichte hinauszudenken, war ihm, wie Augustinus das nennen wird, ›Selbstverkrümmung des Herzens‹, Auslieferung an den heimlichen Narzißmus der Kreatur.«[39] Die Flucht vor dem Leid und die Versuchung, vor dem Leid eines anderen die Augen zu verschließen und wegzuschauen, ist allgegenwärtig. Aber die Mystik des Christentums, die eine Mystik der *Compassion*, des Mitleids und Mitgefühls ist, versperrt genau diesen Weg. Ihr Imperativ lautet: »Aufwachen, die Augen öffnen. Das Christentum ist kein blinder Seelenzauber. Es lehrt nicht eine Mystik der geschlossenen, sondern eine Mystik der offenen Augen. Im Entdecken, im Sehen von Menschen, die im alltäglichen Gesichtskreis unsichtbar bleiben, beginnt die Sichtbarkeit Gottes, öffnet sich seine Spur.«[40] Das Mitgefühl und die Solidarität mit den Menschen, die ganz real aussortiert sind und nicht mehr zu den Lebenden zählen, haben etwas Vorreligiöses und Unideologisches. Man braucht keine Religion und keine Ideologie, um zu sehen, daß ein anderer leidet. Es gibt keinen

Grund und kein »höheres Interesse«, das mir erlaubt, an einem Leidenden einfach vorbeizugehen. Das Mitleid, Mitgefühl oder die »Mitleidenschaft«, wie Metz das Wort *Compassion* übersetzt, ist also etwas, was jedem Menschen zugemutet werden kann, ohne daß man ihm deshalb schon sein Denken, seine Kultur und seine Religion streitig macht. *Compassion*, »das Schlüsselwort« und die Grundvokabel des Christentums, ist nach Metz die Mitgift, die das Christentum in das Konzert der Weltreligionen einzubringen habe. Es lehrt, daß Jesusnachfolge darin besteht, daß ich mich anderen zuwende, noch bevor ich selbst etwas von ihnen habe. Diese Praxis des Mitgefühls erscheint riskant, und das ist sie auch.

Ist diese Leidempfindlichkeit spezifisch christlich, wie Metz sagt? Metz deutet eine Antwort nur an und sagt, wer in der hier besprochenen Weise die Leidempfindlichkeit seiner Gottesrede wachhält, wird wach auch für die Leidensgeschichten in der Welt, wie sie sich etwa in den Leidensethiken der großen asiatischen Religionen, namentlich im Buddhismus, niedergeschlagen haben.[41]

Freilich rechnete schon Jesus »mit unseren kreatürlichen Sehschwierigkeiten ... Er kennzeichnet uns als solche, die ›sehen und doch nicht sehen‹. Gibt es womöglich eine elementare Angst vor dem Sehen, vor dem genauen Hinsehen, vor jenem Hinsehen, das uns ins Gesehene unentrinnbar verstrickt und nicht unschuldig passieren läßt?«[42]

Eine Frau, die sehen und wissen wollte, unter welchen Bedingungen die Menschen am Rande leben, war die jüdische Französin und Katholikin Simone Weil. Sie war Lehrerin und nahm eines Tages für ein Jahr Urlaub, um in einer Fabrik als Hilfsarbeiterin, schließlich bei Renault als Fräserin zu arbeiten. Sie bezog ein Zimmer in der Nähe ihrer Fabrik und versuchte, so zu leben wie ihre Arbeitskolleginnen. Von Kindheit an von körperlich schwacher Konstitution wurden ihr die körperlichen Anstrengungen der Fabrikarbeit zur Qual. Als die Deutschen Frankreich besetzten, konnte sie als Jüdin nicht bleiben und floh nach England, wo sie, weil sie nicht aktiv am Widerstand teilnehmen konnte, aus Solidarität mit ihren Landsleuten nur so viel aß, wie jenen auf ihren Lebensmittelmarken zustand. Und obwohl sie wußte, daß diese Rationen sich in vielen Fällen aufbessern ließen, blieb Simone Weil bei ihrer Ration, um voll und ganz denen gleich zu werden, die arm und hilflos waren. Entkräftet starb sie 1943 im Alter von 34 Jahren. In einem Brief vom 15. Mai 1942 schreibt sie über ihr Experiment:

Nach meinem Jahr in der Fabrik und ehe ich meinen Unterricht wieder aufnahm, hatten meine Eltern mich nach Portugal mitgenommen, und dort trennte ich mich von ihnen, um ganz alleine ein kleines Dorf zu besuchen. Ich war seelisch und körperlich gewissermaßen wie zerstückelt. Diese Berührung mit dem Unglück hatte meine Jugend getötet. Bis dahin hatte ich keine Erfahrung des Unglücks besessen, außer meines eigenen, das, weil es das meinige war, mir von geringerer Wichtig-

keit erschien, und das überdies nur ein halbes Unglück war, da es biologische Ursachen hatte und keine sozialen. Ich wußte wohl, daß es in der Welt viel Unglück gab, die Vorstellung dessen peinigte mich unaufhörlich, aber ich hatte es niemals durch eine längere Fühlungnahme erfahren. Während meiner Fabrikzeit, als ich in den Augen aller und in meinen eigenen mit der anonymen Masse ununterscheidbar verschmolzen war, ist mir das Unglück der anderen in Fleisch und Seele eingedrungen. Nichts trennte mich mehr davon, denn ich hatte meine Vergangenheit wirklich vergessen, und ich erwartete keine Zukunft mehr, da mir die Möglichkeit, diese Erschöpfungszustände zu überleben, kaum vorstellbar schien. Was ich dort durchgemacht habe, hat mich so unauslöschlich gezeichnet, daß ich mich noch heutigen Tages, wenn ein Mensch, wer es auch sei, unter gleichviel welchen Umständen, ohne Brutalität zu mir spricht, nicht des Eindrucks erwehren kann, daß hier ein Mißverständnis sich leider zerstreuen werde. Dort ist mir für immer der Stempel der Sklaverei aufgeprägt worden, gleich jenem Schandmal, das die Römer den verachtetsten ihrer Sklaven mit glühenden Eisen in die Stirn brannten. Seither habe ich mich immer als einen Sklaven betrachtet.

In dieser Gemütsverfassung, und in einem körperlich elenden Zustand, betrat ich eines Abends jenes kleine portugiesische Dorf, das ach! auch recht elend war; allein, bei Vollmond, eben am Tage des Patronatsfestes. Es war am Ufer des

Meeres. Die Frauen der Fischer zogen, mit Ker-
zen in den Händen, in einer Prozession um die
Boote und sangen gewiß sehr altüberlieferte Ge-
sänge, von einer herzzerreißenden Traurigkeit.
Nichts kann davon eine rechte Vorstellung ver-
mitteln. Niemals habe ich etwas so ergreifendes
gehört ... Dort hatte ich plötzlich die Gewißheit,
daß das Christentum vorzüglich die Religion der
Sklaven ist, und daß die Sklaven nichts anders
können als ihm anhängen, und ich unter den Üb-
rigen.[43]

Die Religion der Sklaven ist die Religion der
Unterdrückten, der Menschen, die sich wundern,
wenn sie ohne Brutalität angesprochen werden,
die gedemütigt, verletzt und um ihr Lebensglück
gebracht sind. Ihr Leid wird sichtbar gemacht,
nicht damit sie darin verharren, sondern daraus
hervortreten. Eine Religion der Sklaven, so deklas-
sierte Friedrich Nietzsche das Christentum[44] und
so nennt Simone Weil das Christentum mit einer
freilich ganz anderen Stoßrichtung: In der Bergpredigt preist Jesus die Armen, die Leidenden, die
Hungernden, die Verfolgten »selig«. (Lukas 6,20–
25; Matthäus 5,3–12) Ihnen wird Leben, das
meint das Wort »selig«, zugesagt. Denn Gott sieht
ihr Leiden. Daran sollen sich alle Israeliten stets
erinnern. Das Erinnern ist eine Grundform jüdi-
scher Gottesrede. Das weiß jedes jüdische Kind:
»Wenn dich morgen dein Sohn fragt: ›Was sollen
die Forderungen, Bestimmungen und Rechts-
satzungen, welche Jahwe, unser Gott, euch an-
befahl?‹, dann sollst du zu deinem Sohne sagen:

›Sklaven waren wir bei Pharao in Ägypten, da führte uns Jahwe mit starker Hand aus Ägypten heraus.‹« (Deuteronomium 6,20f) Die Erinnerung an diese Befreiung begründet die biblische Gottesrede. Gott dachte an Israel in Ägypten und führte es heraus aus der Sklaverei, also auch hier: eine Religion der Sklaven, der Unterdrückten und Leidenden. Die Erinnerung daran begründet die jüdischen Traditionen, denen sich das Christentum verpflichtet weiß. Psalm 22 sagt von Gott: »Er verbirgt sein Gesicht nicht vor ihm (dem Leidenden), er hat auf sein Schreien gehört.« (Psalm 22,25) Von Gott sprechen heißt daher, »fremdes Leid zur Sprache bringen und versäumte Verantwortung, verweigerte Solidarität beklagen«[45]. Das Leiden, das wir heute zur Sprache zu bringen haben, hat viele Gesichter: Menschen leiden an sich selbst, sie leiden psychisch und körperlich, sie leiden allein, es leiden ganze Gruppen. Das Leiden ist verschieden. Die Kontexte sind verschieden. Das eine kann nicht mit dem anderen verrechnet werden. Manchmal hat das eine mit dem anderen zu tun und hängt zusammen. Armut ist heute das größte Leid.[46]

Die Gründe dieser Armut sind vielschichtig, aber die Armut in weiten Teilen der Erde heute hat, wie Leonardo Boff, einer der bedeutendsten Vertreter der lateinamerikanischen Befreiungstheologie, in gewiß extremer Abkürzung des Argumentationsganges, sagt, ihren Grund darin, daß der Markt zum Leitbild des Wirtschaftens geworden ist.[47] Märkte leben von Wettbewerb,

Konkurrenz und Tausch, nicht von Kooperation. Für den Markt uninteressante Regionen der Welt, ganze Länder, existieren für die Wirtschaft nicht und sind damit vom Reichtum dieser Erde ausgeschlossen. Märkte kennen kein Mitleid. Und es scheint, daß die Menschen, die von diesen Märkten profitieren, von diesem Denken wie angefressen sind. Sie kennen kein Mitleid. Die Folge ihres Wirtschaftens ist eine weltweite Zunahme der Armut. Zwanzig Prozent der Menschheit verbrauchen über achtzig Prozent der Güter, die weltweit produziert werden. Achtzig Prozent der Menschheit müssen sich teilen, was die reichen Länder ihnen übriglassen. Aber auch in den reichen Ländern fallen immer mehr Menschen aus dem sozialen Gefüge einfach heraus. Sie sitzen buchstäblich auf der Straße.

Was bedeutet das für die Menschen in den reichen Ländern?[48] Müssen sie sich schuldig fühlen? Soll ihnen ein schlechtes Gewissen gemacht werden?

Natürlich will das niemand. Was die Armen brauchen, ist die Rückgabe ihrer Würde und Solidarität. Auf diese materielle wie geistige Not war die mittelalterliche Lehre von den Werken der leiblichen und geistigen Barmherzigkeit gemünzt: Hungrige speisen, Durstige tränken, Fremde aufnehmen, Nackte kleiden, Kranke besuchen, Gefangene befreien, Tote bestatten. Das sind die sogenannten »leiblichen Werke«. Und Unwissende lehren, Zweifelnden raten, Trauernde trösten, Irrende zurechtweisen, Unrecht ertragen, Beleidigungen verzeihen, für Lebende und Tote beten, das sind die sogenannten »geistigen Werke«. Die moderne Sozialgesetzgebung hat das Gesicht dieser Werke verändert. Kein Mensch ist bei uns mehr auf die »Gnade und Barmherzigkeit« seiner Mitmenschen angewiesen, wenn es um das nackte Überleben geht. Aber Gesetze können die Zuwendung zu Menschen nicht machen. Es bleibt der menschliche Faktor der *Compassion*. Er wird für eine Gesellschaft, die härter wird, zu einer Herausforderung. Der Anspruch auf *Compassion* bleibt ihr erhalten wie dem Pharao die ägyptischen Plagen. Immer wieder gingen die Israeliten zum Pharao. Immer wieder wurden sie nicht gehört. Die nächsten Plagen kamen, in unseren Zusammenhang übersetzt: die nächsten Argumente zugunsten einer Gesellschaft mit *Compassion*. Wer will sie hören? Wen interessieren diese Reden, die für die Vergessenen und Übersehenen eintreten? Wer will, um ein weiteres Beispiel einzuführen, denn die Reden am Volkstrauertag hören? Wen kümmert das Leid der Familien, die ihrer Toten gedenken? Sagen nicht die Redner selbst, das Sterben der Gefallenen sei sinnlos gewesen? Es gibt viel Mitgefühl. Es kann gestärkt werden. Man muß dazu den Menschen nicht erst ein schlechtes Gewissen machen. Aber viele werden es schaffen, mehr zu tun, als sie sich zutrauten, sobald sie hinschauen und zuhören. Sie können hören, was ein alter Mann von seiner Kindheit erzählt, und eine Mutter, die ein behindertes Kind hat, und der Häftling Primo Levi oder was die Kinder sagen, die auf den Schüler warteten, der eigentlich gar nicht zu ihnen wollte. Wenn wir zuhören, werden wir uns verändern.

V. Michi hat's getan

Eine Schülerin, die zwei Wochen in eine Werkstätte für geistig behinderte Kinder ging, schreibt:

Als ich ... verkündet bekam, daß ich in die (Werkstätten für Behinderte) kam, war ich ... nicht so begeistert. »Behinderte, na toll«, habe ich gedacht und außerdem habe ich befürchtet, daß ich meine Arbeit nicht bewältigen kann, weil ich es dort psychisch nicht aushalte ... Ich bin sehr froh, daß ich in (diesen Werkstätten) war. Ich habe gelernt, mit Behinderten umzugehen, ohne ein sentimentales Gefühl zu haben. Sie sind glücklich mit ihrem Leben und brauchen es nicht. Sie brauchen Hilfe und Unterstützung, ein offenes Ohr, Verständnis, aber kein sentimentales Gefühl.

Ich glaube, ich habe jetzt auch etwas mehr Geduld. Wenn man hundertmal einunddasselbe erzählt bekommt, ist man nahe am Ausrasten; aber ich habe gemerkt, wie gut das Zuhören tut. Und die Behinderten sind auch nicht blöd. Sie sind langsam, haben eine schlechte Konzentration, oder sind unflexibel, aber sie haben Gefühle. Mehr vielleicht als jeder ›normale‹ Mensch. Daß die Martina aus meiner Gruppe geweint hat, weil ich nach zwei Wochen nicht mehr da bin. Wo passiert einem das sonst noch? Wo fragt einen jemand, ob man Schmerzen oder Angst hat, nur weil man gerade mal etwas müde ist? Der Michi hat's getan.[49]

Nicht nur »der Helfer« – der andere, der ja nicht notwendig leidet, aber fremd ist und mit dem umzugehen über viele Mißverständnisse hinweg erst gelernt werden muß, er sorgt, noch bevor man sich selbst trauen würde, für einen Zuwachs an Menschlichkeit und zieht einen in ihren Bann. Werden wie ein Kind, wozu Jesus seine Jünger auffordert (Markus 10,15), heißt menschlich werden, die Augen aufmachen, den anderen sehen, sich keine Frage verbieten lassen, nicht wegschauen, wenn einer müde ist. Werden wie ein Kind heißt nicht infantil oder sentimental werden. Kinder nehmen den Schmerz, den sie sehen, in ihr Leben und zeigen ihn. In einer gefühlsschwachen Welt, die das Zeigen von Gefühlen nur schwer erträgt oder verkitscht, werden sie leider lernen, mit ihrem Gefühl zu haushalten und den Schmerz, der einen lächerlich macht, zu vermeiden. Kinder sind keine besseren Menschen. Sie sind genauso egoistisch, wie sie genauso spontan mitfühlend sein können. Aber dank dieser Spontaneität sind sie ein guter Spiegel unserer eigenen Fähigkeit, Mitleid, Mitgefühl und Freude über andere zu zeigen, oder eben auch ihres Fehlens. Eine Schülerin, die in einer Kindertagesstätte gearbeitet hat, hat dort erfahren: »Kinder brauchen Liebe und Zuwendung, und die Liebe, die man ihnen gibt, bekommt man auch wieder zurück. Das war für mich das Schönste... Ich hatte das Gefühl, daß meine Arbeit etwas bringt. Natürlich ist es eine Belohnung, wenn man auf eine Klassenarbeit gelernt hat und hinterher eine gute Note hat. Aber morgens in den Kindergarten zu kommen und zu merken, daß sich die Kinder freuen, einen wiederzusehen, das hat mir doch viel mehr gegeben als ein Blatt Papier mit einer Zahl darunter.«[50]

Es ist dieser Zugewinn an Leben, der Menschen dazu bringt, sich anderen zuzuwenden. Das eigene Leben ist immer ein Leben auch mit anderen. Der Ichling verkümmert. Der Mensch braucht den Mitmenschen. Gebraucht werden, Mitleid, Mitgefühl und Solidarität zeigen zu dürfen, ist das wichtigste Bedürfnis des Menschen.

Anmerkungen

1   André Comte-Sponville, Ermutigung zum unzeitgemäßen Leben. Ein kleines Brevier der Tugenden und Werte, Reinbek bei Hamburg 1996, S. 125.

2   Paul Zulehner in einem Vortrag in Karlsruhe, Sommer 1997.

3   Vgl. Richard Sennett, Der flexible Mensch. Die Kultur des neuen Kapitalismus, 5. Auflage, Berlin 2000.

4   R. Sennett, a.a.O., S. 151.

5   Deutsche Shell (Hg.), Jugend 2002, Hamburg 2002, S. 143.

6   Gerd Theißen, Die Bibel diakonisch lesen: Die Legitimitätskrise des Helfens und der barmherzige Samariter, in: Diakonie – biblische Grundlagen und Orientierungen, hrsg. v. G. Schäfer u. Th. Strohm, Heidelberg 1990, S. 376–381.

7   Volker Sommer, Menschen und andere Tiere. Essays zur Evolutionsbiologie, Stuttgart 1999.

8   Compassion. Weltprogramm des Christentums, hrsg. v. J. B. Metz u.a., Freiburg 2000, S. 153.

9   Robert Wuthnow, Acts of Compassion. Caring for ourselves and helping Others, Princeton 1991, S. 121ff.

10 Gerhard Schmidtchen, Ethik und Protest. Moralbilder und Wertkonflikte junger Menschen, Bd. 1, Opladen 1992, S. 224.

11 Lothar Kuld/Stefan Gönnheimer, Compassion – Sozialverpflichtetes Lernen und Handeln, Stuttgart 2000, S. 105–112.

12 Adolf Weisbrod/Franz Kuhn/Friedrich Hirsch, Compassion – Ein Praxis- und Unterrichtsprojekt sozialen Lernens: Menschsein für andere, in: Engagement. Zeitschrift für Erziehung und Schule 1994 H. 2–3, S. 268–307.

[13] Seneca 95. Brief an Lucilius.

[14] Vgl. Wuthnow, a.a.O.; Helen Wilkinson, Kinder der Freiheit. Entsteht eine neue Ethik individueller und sozialer Verantwortung?, in: Kinder der Freiheit, hrsg. v. U. Beck, Frankfurt 1997, S. 85–123.

[15] Ulrich Beck, Kinder der Freiheit, Frankfurt 1997, S. 16ff.

[16] Vgl. R. Sennett, a.a.O., S. 197.

[17] Friedrich Nietzsche, Also sprach Zarathustra (1883), in: Nietzsches Werke, hrsg. v. G. Colli u. M. Montinari, Abteilung 6, Bd. 1 (Zarathustra), Berlin 1968, S. 112. Hier zitiert nach: Vom Nutzen und Nachteil des Mitleids. Eine Anthologie, hrsg. v. Ulrich Kronauer, Frankfurt 1990, S. 139. – Die nachfolgenden Zitate aus den Schriften von Seneca, Kant, Schopenhauer, Nietzsche sind dieser Anthologie entnommen.

[18] Seneca, De clementia, 2. Buch, 4,3–6,4.

[19] Immanuel Kant, Anthropologie in pragmatischer Hinsicht, in: Kants Werke, Akademie-Textausgabe, Berlin 1968, Bd. 7, S. 256.

[20] Friedrich Nietzsche, Morgenröthe (1881), Abschnitt 132.

[21] Zitiert nach Käthe Hamburger, Das Mitleid, Stuttgart, 2. Auflage 1996, S. 87.

[22] K. Hamburger, a.a.O., S. 105.

[23] Wittgenstein, Philosophische Untersuchungen, Frankfurt/M. 1967, § 287.

[24] Primo Levi, Ist das ein Mensch? Ein autobiographischer Bericht, München, 11. Auflage 2002 (zuerst 1958), S. 127f.

[25] Arno Gruen, Der Verlust des Mitgefühls, 4. Auflage 2001, S.11.

[26] Rudolf Dreikurs/Vicki Soltz, Kinder fordern uns heraus, Stuttgart, 7. Auflage 2000, 265f.

[27] Dreikurs, a.a.O., S. 257.

28 Dreikurs, a.a.O., S. 266.

29 Dreikurs, a.a.O., S. 266f.

30 Daniel Goleman, Emotionale Intelligenz, München 1997.

31 Vgl. Leonardo Boff, Das Prinzip Mitgefühl, Freiburg 1999, S. 23.

32 Ich verwende für »Altes Testament« hier den Ausdruck »Erstes Testament«. Die hebräische Bibel ist nicht »alt«. Sie ist für Christen genauso neu wie das Neue Testament. »Alt« hatte in diesem Zusammenhang immer auch etwas Abwertendes, dem das Neue, das »Alte« überbietend, entgegengesetzt wurde. – Bibelzitate in Anlehnung an die Jerusalemer Bibel (Freiburg, Herder-Verlag) und das Münchener Neue Testament (Düsseldorf: Patmos-Verlag).

33 Vgl. dazu auch folgende Schriftstellen: »Gedenke deines Erbarmens, Jahwe, und deiner *Compassion*, die waltet von Anbeginn. Meiner Jugend Sünden und meiner Verirrungen denke nicht mehr, um deiner Güte willen, Jahwe, gedenke meiner mit *Compassion*.« (Psalm 25,6f)

»Du aber, Jahwe, versage mir nicht dein Erbarmen, bewahren möge mich immerdar deine *Compassion* und Treue.« (Psalm 40,12)

»Erbarme dich meiner, o Gott, der du barmherzig und gnädig; nach dem Übermaß deiner *Compassion* lösche aus meine Schuld.« (Psalm 51,3)

»Erhöre mich, Jahwe, denn deine *Compassion* ist milde, aus der Fülle deines Erbarmens blicke mich an.« (Psalm 69,17)

»Hat Gott vergessen, gnädig (*compassionate*) zu sein? Hat er sein Erbarmen verschlossen im Zorn?« (Psalm 77,10)

Jahwe »krönt dich (den Menschen) mit *Compassion* und Erbarmen«. (Psalm 103,4)

Jahwe »gedachte seines Bundes ... und *Compassion* ließ er sie finden bei allen, die sie fortgeführt in Gefangenschaft«. (Psalm 106,46)

»Deine Barmherzigkeit komme über mich, daß ich lebe.« (Psalm 119, 77)

»Deiner Erbarmungen, Jahwe, sind gar viele; wie du beschlossen, so schenke mir Leben.« (Psalm 119, 156) Psalm 136 sieht die gesamte Schöpfung und Geschichte als Beweis göttlichen Erbarmens. Das Firmament und die Erde und die Herausführung aus dem Sklavenhaus Ägypten mit der Rettung am Schilfmeer, die Landnahme und die Heimkehr aus dem Exil (»Der unser gedachte im Elend«, Psalm 136,23) – all diese kosmischen und geschichtlichen Ereignisse und Fakten sind für den Frommen Zeichen der *Compassion* Gottes. »In Ewigkeit währt seine *Compassion*«, lautet der Refrain dieses Dankpsalms.

[34] Gerd Theißen, Die Bibel diakonisch lesen: Die Legitimitätskrise des Helfens und der barmherzige Samariter, in: Diakonie – biblische Grundlagen und Orientierungen, hrsg. v. G. Schäfer u. Th. Strohm, Heidelberg 1990, S. 376–401.

[35] Theißen, a.a.O., S. 393.

[36] Elga Sorge, Religion und Frau. Weibliche Spiritualität im Christentum, Stuttgart, 5. Auflage 1988, S. 46, 90.

[37] Johann Baptist Metz, Compassion. Zu einem Weltprogramm des Christentums im Zeitalter des Pluralismus der Religionen und Kulturen, in: Compassion. Weltprogramm des Christentums, hrsg. v. J. B. Metz u.a., Freiburg 2000, S. 10.

[38] Metz, a.a.O., S. 11.

[39] J. B. Metz, Im Eingedenken fremden Leids. Zu einer Basiskategorie christlicher Gottesrede, in: Metz u.a., Gottesrede, Münster 2/2001, S. 11.

[40] J. B. Metz, Die Autorität der Leidenden. Compassion – Vorschlag zu einem Weltprogramm des Christentums, in: Süddeutsche Zeitung 24./25./26.12.1997, Nr. 296, S.57.

[41] Johann Baptist Metz, Compassion. Zu einem Weltprogramm des Christentums im Zeitalter des Pluralismus der Religionen und Kulturen, in: Compassion. Weltprogramm des Christentums, hrsg. v. J. B. Metz u.a., Freiburg 2000, S. 17.

[42] Metz, ebd.

[43] Simone Weil, Das Unglück und die Gottesliebe. Mit einer Einführung von T. S. Eliot, München 1953, S. 47ff – zitiert nach Dorothee Sölle, Leiden, Stuttgart, 2. Auflage 1973, S. 193ff.

[44] Friedrich Nietzsche, Der Antichrist (1888).

[45] J. B. Metz, Zum Begriff der neuen Politischen Theologie, Mainz 1997, S. 200f.

[46] J. Sobrino, Theology in a Suffering World. Theology as intellectus amoris, in: P. Knitter/R. Panikkar (Hg.), Pluralism and Oppression. Theology in World Perspective, Lanham 1991, S. 153–177, hier S. 155f – zitiert bei Hille Haker, »Compassion« als Weltprogramm des Christentums?, in: Concilium. Internationale Zeitschrift für Theologie 37 (2001), Heft 4, S. 448.

[47] L. Boff, a.a.O., S. 13.

[48] Vgl. zu dieser Frage als Frage an die Kirchen: Gregory Baum, Compassion and Solidarity. The Church for Others, Montreal 1988.

[49] Verena Hoch, zitiert in ru – Ökumenische Zeitschrift für den Religionsunterricht 2/1997, S. 58 – Im Original steht »Mitleid«, wo jetzt, zugegeben etwas technisch, »sentimentales Gefühl« steht. So aber versteht die Schreiberin »Mitleid«.

[50] Vanessa Kari, zitiert in: ru – Ökumenische Zeitschrift für den Religionsunterricht 2/1997, S. 59.

Die Lebenskunst der Klöster

Münsterschwarzacher Kleinschriften

VIER-TÜRME-VERLAG

Vier-Türme GmbH, Verlag
Schweinfurter Straße 40 · D-97359 Münsterschwarzach Abtei
Telefon 09324/20-292 · Telefax 09324/20-495
Bestellmail: info@vier-tuerme.de / www.vier-tuerme.de